감사하는 습관이
삶을 바꾼다

감사하는 습관이
삶을 바꾼다

감사에 대한 새로운 관점을 제시하는 감사혁명

김봉선 지음

두드림미디어

당신은 삶을 이끄는 주인공인가?
끌려다니는 엑스트라인가?

모든 시대에는 혁명이 일어났다. 혁명이 없는 시대는 없었다. 지금 이 순간에도 끊임없이 혁명이 일어나고 있고 진행 중이다. 당신은 선택해야 한다. 혁명의 주인공이 되어야 할지, 혁명의 엑스트라가 되어야 할지를 말이다. 그 누구도 대신 선택해주지 않는다. 결정은 오롯이 당신의 몫이고 당신이 해야 한다. 당신이 선택하는 것이, 곧 길이 되고 삶이 된다.

어떤 길을 갈 것인지는 당신이 선택하는 것이다. 누가 시켜서, 누가 하라니까, 누구는 어떻게 하나 쳐다보지 마라. 오직 당신의 신념과 주관을 믿고 선택하는 것이다. 다만 당신이 선택한 것에는 반드시 책임이 따른다. 혁명가의 길을 가는 사람은 목숨을 내놓아야 한다. 죽고 사는 것을 고려하지 않는다. 〈한국책쓰기강사양성협회〉(이하 〈한책협〉) 김태광 대표님과 운명적인 만남을 갖고 처음 만나서 나눈 대화에서 이런 말씀을 해주셨다. "저는 목숨을 걸고 코칭해드립니다." '목숨을 걸고'란 말은 웬만해서는 사용하지 않는다. '아! 정말 간절한 사람만이, 절실한 사람만이 이 길을 갈 수 있구나'라는 생각이 들었다.

99%가 엑스트라이고, 1%는 혁명의 주인공이 될 것이다. 이 말을 들었을 때 당신은 어디에 있는가? 당신이 지금 인생의 바닥에 있다고 생각하는가? 그러면 당신은 무한한 가능성이 있는 사람이다. 더 이상 내려갈 곳이 없고, 다른 길이 없기 때문이다.

이제 더는 머뭇거리거나, 주저하거나 핑계를 대거나, 변명할 시간이 없다. 인생은 시간으로 구성되었다. 이제는 더 이상 시간을, 인생을 낭비하지 말자!

김태광 대표님이 말씀해주셨던 것이 생각이 났다.

"작가님은 꽃피는 인생이 될 것입니다. 아직 꽃봉오리가 맺혀 있는 상태지만 책을 쓰는 순간부터 꽃이 필 것입니다. 향기가 만발하게 될 것입니다. 5년 후에 작가님이 어떻게 성장하고 발전하실지 지켜보십시오. 저는 한 번도 틀린 적이 없습니다."

50세 넘은 인생에 아직도 꽃을 피우지 않았다면 한참 늦었다고 생각할 것이다.

나는 그렇게 생각하지 않았다. 지금이 가장 알맞을 때고, 하나님이 나를 위해 예비하신 시간표에 의해 가장 좋은 때에 부르셨다고 생각한다. 그래서 나의 묘비명을 이렇게 정해봤다.

'만개(晩開)해서 만개(滿開)했다.' '늦게(晩) 꽃이 피어(開), 꽃이 만발하고 향기가 가득했다(滿開)'라는 뜻이다. 늦을 만이라는 한자를 보면 '날 일'에 '애를 낳을'이란 뜻이 들어 있다. 오랜 시간 해산하는 수고로, 진통의 시간을 지나 이제 드디어 만개하는구나! 늦었다고 생각하는 것은 인간의 생각일 뿐이다. 늦은 것이 아니고 무르익어 가는 시간이고 인내의 시간이고 성장의 시간이다. 보이지 않게 성숙하고 해산하는 인고의 시간이다. 다만 시간 안에서 관념적으로 늦었다고 생각할 뿐이다.

2023년 7월은 나에게 딱 맞는 때다.

"감사합니다. 감사합니다. 감사합니다."

감사하는 마음이 넘쳐나서 가슴이 터질 듯했다.

"감사하는 마음이 제 마음속에 가득 차게 해주셔서 감사합니다."

나는 '감사한 마음'보다 '감사하는 마음'이 더 좋다. 아직도 진행형이기 때문이다. 나의 인생은 끝이 난 것이 아니라 이제 시작이다. 끝날 때까지 끝난 것이 아니다. 인생은 9회 말, 투 아웃부터다. 이제 시작이다!

중국에는 오랜 기간 땅에 뿌리를 내리다가 단번에 엄청나게 성장하는 동화에나 나올법한 대나무가 있다. 중국의 극동 지방에 있는 모소 대나무(Moso Bamboo) 이야기다.

이 모소 대나무는 씨앗을 뿌리고 무려 4년이 넘는 시간 동안 2~4cm 내외밖에 자라지 않는다. 4년이 넘는 시간 동안 거의 자라지 않다가 5년이 지난 시점부터는 하루에 최소 30cm 이상씩 성장하고 그렇게 6주가 넘는 시간 동안 폭발적인 성장을 한다. 그렇게 성장한 모소 대나무가 숲에 가득 차게 되면 숲은 울창해지고 빽빽한 산림을 이루게 된다.

나는 이 이야기를 듣는 순간, 이 나무가 바로 '나'라고 생각했다. 4년이란 시간은 책을 쓰기 이전의 시간이다. 이 시간은 눈에 보이지는 않지만, 땅속에서 뿌리를 더 깊게 만드는, 솟구쳐 오르기 위한 힘을 준비하는 시간이었을 것이다.

"죽고자 하면 반드시 살고, 살고자 하면 반드시 죽는다(必死卽生, 必死卽死)."

이순신 장군이 명량대첩에 나서기에 앞서 적들의 수에 떨고 있는 병사들에게 던진 말이다.

목숨을 초개처럼 내놓은 사람은 죽음을 두려워하지 않는다. 배수진을 친 사람은 후퇴가 없다. 앞으로만 달려나간다.

감사하는 마음으로 가득 차 있을 때 변화가 일어나고 삶이 바뀌며 혁명이 일어난다. 감사는 하나의 혁명이다. 감사혁명은 자기혁명이고, 자기혁명은 가정혁명이고, 직장혁명, 학교혁명, 국회혁명, 국가

혁명, 지구혁명, 우주혁명이다. 감사는 나로부터 시작해서 우주까지 나아간다. 나부터 우주까지 영향을 미친다.

감사하는 나로 시작해서, 감사하는 인격, 감사하는 존재, 감사하는 생명, 감사하는 사람, 감사하는 인성, 감사하는 너, 감사하는 우리, 감사하는 가정, 감사하는 학교, 감사하는 직장, 감사하는 병원, 감사하는 사회, 감사하는 문화, 감사하는 지역, 감사하는 조직, 감사하는 국회, 감사하는 국가, 감사하는 민족, 감사하는 인류, 감사하는 지구, 감사하는 우주까지 나아가는 것이다.

'감사하는 마음이 있는 자'는 마음이 풍요를 향해 있다. 마음이 풍요를 향해 있는 자는 성공과 행복을 달성할 수 있다. 진정한 부를 가질 수 있다. 진정한 부는 물질적인 풍요뿐만 아니라 정신적인 풍요가 함께 있는 것이다.

그럴 때 진정한 가치가 있고 영원히 계속될 수 있고 오랫동안 이어질 수 있다. 그러므로 감사가 전부요, 모든 것이다. 감사가 있고, 없고가 인생의 모든 것이다. 감사하는 마음이 있는 삶과 감사하는 마음이 없는 삶은 극과 극의 삶이다. 감사하는 마음이 있으면 모든 것을 다 얻게 되고 감사하는 마음이 없으면 그 있는 것도 다 빼앗기기 때문이다.

이것은 제로섬 게임이다. 승자독식의 원칙이다. 중간 선택은 없다. 하나만 선택할 수 있다.

지금 당신은 감사하는 마음이 있는가? 그렇다면 모든 사람과 일과 사건들에서 감사를 찾아낼 것이다. 감사를 알아차리고 감사를 온몸으로 실천하고 실행하게 될 것이다. 감사하는 마음을 계속적으로, 지속적으로, 연속적으로 실천하는 자는 감사하는 사람이 될 것이다.

나의 삶을 바꾸어 새로운 길을 가게 해주시고 목숨을 걸고 책을 쓸 수 있게 해주신 〈한책협〉의 김태광 대표님과 권동희 대표님께 감사드린다. 축복의 선물로 주신 내 가족들과 항상 사랑으로 모든 것을 전폭적으로 지원해주는 나의 아내 윤옥자 여사님에게 감사하다. 아름다운 하나의 간증을 지키기 위해 변함없이 수고와 헌신을 아끼지 않으시는 동역자 제희숙 자매님에게, 모든 일에 적극적이고 긍정적으로 행동하고 부드러운 목소리로 주변을 편안하게 해주는 사위 박주원에게, 외롭고 힘이 들 때 유일하게 내 편을 들어주었던 자랑스러운 아들로 이제는 감사의 동역자가 되어준 든든한 아들 영준이에게, 돌아보면 언제나 곁에 있으면서 말이 없이 행동으로 나를 챙겨주는 딸 수정이에게, 사랑을 가지고 항상 화목제로 가족을 기쁘게 하는 큰 손녀딸 선영이에게, 언제나 도도하고 카리스마 있게 춤을 잘 추는 둘째 손녀딸 아영이에게, 끊임없는 열정과 상상력과 공감 능력으로 나에게 영감과 깨달음을 주고 있는 셋째 손녀딸 한별이에게 진심으로 사랑을 담아 감사하는 마음을 전한다.

김봉선

3장 감사일기를 쓰는 7가지 원칙

4장 감사하는 습관은 행복과 기적을 끌어당긴다

1장

감사하는 습관이
어떻게 삶을 바꾸는가?

인생이 힘든
진짜 이유?

"인생이 왜 이리 힘들까요? 인생이 재미없을지언정 행복해지고 싶어요."

얼마 전 새벽 3시에 여배우 한소희 블로그에 올라온 글이다. 택시 기사에게 이런 질문을 던졌다고 한다. 그녀는 지금 한참 주가가 올라가고 있는 예쁘고, 젊고, 옷도 잘 입어 젊은 사람들이 좋아하는 배우다. 요즘 드라마면 드라마, CF면 CF, 영화면 영화, 패션이면 패션 그녀의 모든 것이 다 화제다.

그녀의 블로그에 '좀 벅찰 때도 있고 평화로울 때도 있고 적당히 즐기며 사는 것 같아요. 우리 모두 잘은 아니더라도 꾀는 살고 있기를, 행복하진 않더라도 불행은 잘 피해 가기를…'이라는 글이 이어져 올라와 있었다. 그녀의 힘들고 복잡한 심경을 짐작할 수 있었던 문구다. '항상 밝게만 보이는 그녀도 보이지 않는 부분에서는 힘들고 벅찬 부분이 있었겠구나! 그녀 자신도 행복하기를 바라고 행복해

지고 싶어 하는구나!'

힘들지 않은 삶은 없다. 삶 자체가 때로는 벅차고 감당이 안 되고 무겁게 느껴진다. 좋을 때도 있고, 나쁠 때도 있고, 기쁠 때도 있고, 슬플 때도 있다. 어쩌면 힘들지 않은 적이 거의 없다고 말하는 것이 더 맞을 것이다. 힘든 것은 당연하다. 중요한 것은 그것을 어떻게 받아들이느냐의 차이다.

최근 마음에 상처를 받은 일이 있다. 아내가 '공부도 하면서 자격증에 도전해보면 어떨까?'라며 숲해설가 과정을 알려주었다.

산을 좋아하고 숲을 유난히 좋아하는 나로서는 숲해설가라는 용어 자체부터 호감이 갔다. 숲해설가 과정은 1년간의 교육기간을 거쳐 산림청에서 주는 국가공인자격증을 취득하게 된다. 숲에 대해, 나무에 대해, 공부하면 할수록 더욱 매력적이어서 시간 가는 줄 모르게 빨려 들어갔다.

같이 공부하시는 분들은 다양한 분야, 계층이셨다. 숲과 나무를 생각하는 분들이라고 생각하니 모두 선하고 순수하고 아름답게 보였다. 바로 '이분들이 내 인생의 마지막을 함께할 동반자들이구나'라고 생각했다.

처음부터 적극적으로 모든 수업에 참여했다. 오리엔테이션 하는 날, 회장으로 선출되었다. 다른 때 같았으면 부담스러워 회장 일을 못 하겠다고 말했을 것이다. 그러나 나는 회장이 되어 함께하는 동기들을 섬기는 마음으로 기꺼이 수고해야겠다고 적극적으로 마음먹었다. 최선을 다해 열심히 섬기며 공부했다. 나는 이 전체 구성원 중에 딱 중간 정도의 나이대였다. 그러나 처음에 잘 협조해주겠다고 하시며 천거해주셨던 분들이 어느 날부터인가 이유 없이 반기를 들며 소극적인 그룹을 형성하고 있다는 느낌이 들었다.

숲해설가협회 이사장님과 동기 간에 오해가 생겨 토론하는 자리가 열렸다. 구성원들은 흥분되어 있었고 잔뜩 벼르고 있었다. 이사장님이 인사말을 하던 도중 갑자기 회장인 나를 지목하며 전달하지도 않은 내용을 회장에게 모두 전달했다고 책임을 전가했다. 동기들은 일제히 나를 바라봤고, 전달도 받지 않은 나를 불신하게 되었다. 토론장은 갑자기 협회와 이사장님을 찬양하는 장으로 바뀌었고, 협회에 대해 소극적이던 분들이 더욱 열변을 토하며 찬양했다. 결국 내가 침묵하면서 나 하나만 오해받는 것으로 문제는 종결되었다. 그 이후에 일어난 여러 가지 사건과 일들을 통해 나에게는 마음에 커다란 상처가 생겼다. 마지막 졸업을 할 때까지 내가 해야 할 일은 다 마쳤다. 하지만 동기들을 향한 내 마음속 상처는 깊어만 갔다. 그 후로 사람들에 대한 불신과 두려움으로 오랫동안 마음의 문을 닫았고 숲해설가에 대한 내 안에 불꽃은 꺼져버렸다.

사람들에 대한 상처는 내 마음을 깊은 구렁텅이로 밀어넣었다. 그런 시간과 맞물려 코로나19가 같이 왔다. 코로나19라는 외적인 바이러스보다 내적인 바이러스가 나를 더욱 병들게 하고 있었다.

깊고 긴 어둠의 터널에서 깊은 수렁에서 내가 구출된 하나의 사건이 발생했다. 몇 달 전에 직장동료 정문혁 차장님과의 일이다. "○○○ 때문에 못 살겠어요, 미치겠어요"라고 씩씩거리며 휴게실로 들어왔다. "사람이 인사를 했으면 인사를 받아야지" 하며 짜증이 잔뜩 난 목소리였다. 나는 "그분도 이유가 있었겠지, 그렇게 화내고 짜증 내면 나만 손해야, 뇌는 주어와 서술어를 잘 구분하지 않아서 이것이 부정적인 말이든 긍정적인 말이든 내가 제일 먼저 영향을 받게 돼." 정 차장님이 대답한다. "그러면 부정적인 말을 쓰면 안 되겠네요." 그날 이후로 우리는 부정적인 말 대신 긍정적인 말을 사용하기로 했다. 그 시작은 작은 나비의 날갯짓이었다. 그러나 작은 불씨가 커다란 불꽃이 되었다. 만날 때마다 좋은 시너지를 주고받았다.

한 달이 지난 어느 날 오전 8시경 의정부역에 도착했을 때 정 차장님으로부터 전화가 걸려 왔다. 김밥을 사두었으니 함께 식사하자는 전화였다. 내 근무표를 확인해서 언제 도착할지를 미리 알아놓고, 김밥을 사서 기다리고 있는 그의 마음이 느껴졌다. 평소에도 항상 하나를 받으면, 하나를 돌려주시는 분이다. 그날은 더욱 사랑과 정성, 고마움의 마음이 전달되었다. 정 차장님과 긍정적인 대화를 하고, 나에게 큰 자극과 전환점을 준 지, 딱 한 달이 되던 날이었다. 우리는 서로의 수호천사가 되어가고 있었다.

잊고 살았던 감사에 대해 깊이 생각하게 되었다. 다만 동료를 조금 도와주려고 대화를 시작했는데, 오히려 내가 슬럼프에서 구출을 받았다. 긴 슬럼프에서 빠져 있었던 내가 구출된 것이다. 감사하다.

나는 감사하는 마음으로, 진심으로 고민을 들어주고 내 마음을 전달했을 뿐이다. 그런데 그 과정에서 감사가 나를 변화시키고 상대방을 변화시키는 것을 체험했다.

　나는 정 차장님과의 일을 계기로 본격적으로 책을 읽기 시작했다. 내면의 작은 소리가 들리기 시작했다. 책은 꼬리에 꼬리를 물고 계속 새로운 책으로 나를 인도했다. 감사에 관한 책을 찾아서 읽기 시작했다.

　양경윤 작가의 《한 줄의 기적, 감사일기》를 읽었는데 이 책은 내가 10년 전 감사일기를 쓴 시점과 책을 읽기 시작했던 시점이 같아 더 공감대가 형성되었다. 이 책을 통해서 감사에 대한 마음이 더 깊어졌다. 그리고 데보라 노빌(Deborah Norville)의 《0.03초의 기적, 감사의 힘》이라는 책도 읽었다.

　감사에 관한 책을 읽으면서 갑자기 떠오른 생각이 있었다. 숲해설가협회 선생님들이 생각났다. 나는 내가 상처받고 아픈 것만 생각했다. 그 안에 감사는 없이 원망과 미움만 가득했다.

　'나의 부족함도 있었겠지! 이 모든 것이 공부다. 더 이상 나를 아프게 하지 말자, 다만 감사하자!'

　"내가 더 성숙하게 되고 깊어지게 된 것은 다 숲해설가 동기 선생님들 덕분입니다. 감사합니다. 이사장님 덕분에 숲해설가 과정을 통해 진짜 인생 공부를 하게 되었습니다. 감사합니다."

감사하는 마음이 내 안에 가득해지자 원망과 미움의 마음은 사라졌다. 온 세상이 고요해지고 평안해졌다.

감사의 책은 또 다른 감사의 책으로 이어졌다. 10년 전에 읽었던 책을 다시 읽게 되었다. 그때는 종교적으로 거부감이 들어 중간에 읽다가 포기했던 책이었다. 바로 론다 번(Rhonda Byrne)의 《시크릿》이라는 책이다. 《시크릿》을 다시 읽게 되니 너무도 감사했다. 이제는 거부감이나 의심이나 두려움이 없어졌다. 내가 다시 《시크릿》을 읽을 수 있게 된 것에는 분명 의식의 변화가 있었다.

《시크릿》을 읽던 날, 나는 하늘을 나는 기분이었다. 완전히 새로운 사람으로 태어나고 있었다. 그날 《시크릿》을 읽고 감동하고 흥분된 것은 그것만이 아니었다. 시크릿을 거의 다 읽어가고 있는데 책의 끝부분에 2권의 책이 소개되어 있었다. 그것은 《파워》와 《매직》이었다. 이 3권의 책은 1권과 같다는 것을 깨닫게 되었다.

《시크릿》은 우주의 법칙을 말하고 있다. 우주의 법칙은 바로 끌어당김의 법칙이다. 이 법칙은 같은 것을 끌어당긴다. 이 끌어당기는 힘이 바로 사랑이다. 끌어당김의 법칙은 곧 사랑의 법칙이다. 《매직》은 감사하는 마음이다. 매직은 감사하는 마음이 있는 자들에게 마법같이 일어난다. 이 세 가지 《시크릿》, 《파워》, 《매직》은 하나로 함께 움직인다.

그동안 내 인생이 힘든 진짜 이유는 바로 '감사가 없었기 때문'이라는 것을 깨달았다. 전에는 감사하는 마음이 없었다. 감사하는 마음이 있고, 없는 것이 이렇게 중요한 줄은 미처 생각하지도 못했다. 그냥 열심히 최선을 다해서 인생을 살면 되는 줄 알았다.

인생을 사는 것은 힘이 든다. 하지만 감사하는 마음을 가지고 산다면 인생은 마법같이 바뀔 것이다. 감사하는 마음이 있는 자는 더 받고 넉넉해질 것이다. 그러나 감사하는 마음이 없는 자는 가지고 있는 것도 모두 빼앗길 것이다.

지루했던 일상이
선물 같은 하루가 된다

"내가 받은 축복을 하나씩 세어 보기 시작하자 나의 삶 전체가 좋아지기 시작했다."

– 윌리 넬슨 –

"후다닥 쿵쿵" 달리는 소리가 요란하다. 새벽 첫차를 타기 위해 달려가는 사람들이다. 구로역 새벽 첫차는 다섯 시다. 첫차를 타는 사람들은 대부분 보통 사람, 평범한 사람들이다. 코레일 전동열차 차장으로 근무한 지 15년째, 덕분에 다양한 사람들을 볼 수 있다. 새벽부터 바쁘게 달리는 사람들을 보면서 갑자기 궁금해졌다. '왜 사람들은 이렇게 바쁠까? 도대체 어디에서 와서 어디로 갈까? 가서 무슨 일을 할까?'

언제부터인가 전철에서 사람들을 관찰하는 습관이 생겼다. 정말 사람들은 다양하다. 스마트폰을 보는 사람. 스마트폰으로 게임을 하는 사람. 주식을 하는 사람, 드라마를 보는 사람, 영화를 보는 사람, 쇼핑하는 사람. SNS를 하는 사람, 유튜브를 보는 사람, 검색하는 사람. 통화하는 사람, 자는 사람, 졸고 있는 사람, 멍 때리는 사람, 옆 사람과 대화하는 사람, 춤추는 사람, 운동하는 사람, 음악을 듣는 사람. 물건을 팔고 하는 사람, 연설하는 사람, 울고 있는 사람, 싸우는 사람, 술에 취한 사람. 구토하는 사람. 심지어 키스하는 사람, 의자에서 누워 있는 사람, 아기에게 젖을 물리고 있는 사람. 우유를 먹이는 사람, 껌을 씹는 사람, 커피를 마시고 있는 사람, 아파서 신음하고 있는 사람, 비상벨을 울리는 사람 등 다양한 사람들이 있다. 그들은 무슨 생각을 하고 있을까?

사람들의 일상은 다람쥐가 쳇바퀴 돌리듯이 반복되고 있다. 매일매일 반복되는 생활방식이 이어지고 있다. 지루한 일상이다. 어떻게 하면 이 상황에서 벗어날 수 있을까?

《시크릿》을 다시 읽었던 날이 생각났다. 그날은 나에게 아주 특별한 하루였다.

《파워》와 《매직》을 함께 읽으며 13페이지에 27가지 감사의 내용을 기록했다. 무엇을 썼다기 보다는 하늘에서 알려주는 것을 받아적는 것 같았다. 한 자, 한 자를 적는 것이 너무 설렜다. 적으면서 나는 속으로 말했다.

'너 떨고 있니? 지금 너무도 떨려, 너무나 설레고 흥분돼.' 떨리는 마음으로 그동안 내가 받은 축복을 적어보기 시작했다.

제일 먼저 생각이 난 것이 바로 나 자신이었다. 전에는 한 번도 감사 항목에 나 자신을 생각해보지 못했다.

"사랑해, 그동안 나를 잘 지켜주고 보살펴주어서 감사해. 지금까지 잘 성장해주고 잘 동행해줘서 고맙다. 힘든 상황도 많았는데 잘 참고 견뎌서 대견스럽고 기특하다. 혼자 많이 외로웠을 텐데 잘 참았다. 사랑한다. 잘했어. 수고했어. 다 네 덕분이다. 멋지다. 나는 네가 해낼 줄 알았어, 고맙다!"

처음으로 느껴지는 감정이었다. 묘한 감정이 내 마음을 적셨다. 나 자신을 객관화시켜서 바라보고 있는 느낌이었다. 내가 참 자랑스럽고 사랑스럽다. 그리고 두 번째로 생각하는 축복의 대상은 바로 아내였다.

"사랑합니다. 당신은 나의 모든 것입니다. 당신은 우주입니다. 저를 관심과 사랑으로 바라봐주시고 선택해주셔서 감사합니다. 항상 나보다 나를 더 사랑하고 소중하게 귀히 여겨주셔서 감사합니다. 당신을 만난 자체가 나에게는 축복입니다. 사랑합니다. 감사합니다."

아내가 얼마나 소중하고 사랑스러운 존재였는지 다시 한번 깨닫게 되었다. 아내를 처음 만난 날부터 지금까지 많은 일이 스쳐 지나갔다. 수없이 많은 사연과 일들이 있었다. 지금 생각해보면 모든 일이 기적이었다. 인간의 힘으로는 도저히 이루어질 수 없는 일들이 일어났다. 사랑의 힘이 우리를 끌어당겼다. 사랑의 힘이 우리를 만나게 했다. 신성하고도 인간적인 사랑의 힘이다. 이것을 말로 설명을 할 수가 없다. 다만 받아들인다. 이 모든 것들이 생각났다. 생각이 나게 하신 것도 다 하나님의 뜻이다.

이날 나는 가족 한 사람, 한 사람이 얼마나 사랑스러운 존재인지 깨달았다. 온종일 가족들이 생각이 났다. 일할 때도 밥을 먹을 때도 걸어 다닐 매도 가족들을 생각만 해도 힘이 났다. 온종일 감사가 나왔다.

스쳐 지나가는 모든 것들도 예사롭게 보이지 않았다. 정원에 있는 나무와 꽃들도 더욱 아름답게 보였다. 출근길에서도, 퇴근길에서도 열차를 타고 내린 것에도 감사하게 되었다. 열차를 시간에 맞춰 탈 때도 감사하고 열차를 기다리는 시간이 길어져도 감사했다. 어떤 환경에 있어도 내 안에는 평안함이 있었다. 오늘 하루가 나에게는 선물 같은 귀한 시간이기 때문이다. 행복을 맛볼 수 있는 시간이고, 감사함을 찾아낼 수 있는 시간이고, 사랑의 대상을 느낄 수 있는 시간이었다.

잃어버린 볼펜을 다시 찾았을 때도 예전과 다른 느낌이었다. 일주일쯤 전에 파란색 볼펜을 샀는데 찾을 수가 없었다. 이 가방, 저 가방을 다 뒤져봐도 없었다. 그런데 갑자기 이 볼펜이 나타났다. 점퍼 안

주머니 속에 있었던 볼펜을 찾아낸 것이다. 이 파란색 볼펜으로 책을 읽으면서 줄도 긋고 메모도 했다. 유용했는데 잃어버려서 너무나 안타까웠다. 이 볼펜도 오늘 나와 함께 축복받았다. 《시크릿》, 《파워》, 《매직》의 비밀이 열리는 날, 볼펜도 함께 나를 찾아왔기 때문이다.

나는 오늘 의심과 두려움의 굴레에서 벗어났다. 관념과 잘못된 신념에서 해방되었다. 진정한 자유를 경험했다. 이제 선입견, 편견에서 탈출했다.

직장에 함께 근무하는 분 중에 오현화 팀장님이 계신다. 평소에 오 팀장님과는 서로 만나면 안부를 묻고는 한다. 감사하는 언어를 많이 사용하는 나를 보면 언제나 긍정적인 에너지가 느껴진다며 좋아하는 분이다. 하루는 얼굴이 밝아 보이시길래 무슨 좋은 일이 있는지 여쭈어봤다.

오 팀장님은 아파트의 엘리베이터 앞에 써진 문구 하나가 지루했던 하루를 행복하게 했다고 하셨다. 내용은 "오늘 하루가 선물이다"라는 것이다. 이전에는 아무 느낌이 없었다고 한다. 그런데 그날은 일을 마치고 피곤해서 집에 들어가는데 갑자기 그 글귀가 눈에 들어왔다고 한다. 그 내용을 음미하게 되었고, 자신에게 적용해보니 '나는 좋은 직장이 있고 건강한 몸이 있고 따뜻한 가정에 아이들과 남편이 있다는 것을 알게 되었다'라고 한다. 이것이 바로 선물이라는 생각이 들면서 얼마나 감사한 것인지 깨닫게 되었다고 하셨다.

일상에서 감사하는 마음이 있을 때, 평범한 하루가 소중하고 귀한 선물로 변한다. 매일매일 똑같이 지나다니던 길이지만, 감사하는 마음으로 사물을 볼 때 모든 것이 선물 같은 존재로 변한다. 감사하는 마음으로 지루했던 하루가 선물이 되고, 평범한 사람인 줄만 알았던 내가 원래 소중한 존재였다는 것을 깨닫게 된다.

우리 아파트에도 엘리베이터 안에 "오늘도 먼저 인사해주시니 고맙습니다. 또다시 먼저 인사해주시니 감사합니다. 내일은 제가 먼저 인사하겠습니다"라는 문구가 있다. 나는 엘리베이터를 타면 먼저 인사를 하고 말을 건넨다. 자연스럽게 누가 몇 층에 살고 무엇을 좋아하는지를 알게 된다. 태권도를 좋아하는 친구, 시골에서 풋사과를 따오는 길이라며 건네주시던 1층 부부, 앞으로 국가대표 축구선수가 꿈인 친구, 이란성 쌍둥이 남매, 권투를 좋아하는 친구 등등. 이제는 엘리베이터를 타는 분들이 친구이자 가족으로 느껴진다. 해맑은 아이들의 웃음 안에서 행복을 느낀다. 나에게 엘리베이터 안은 또하나의 작은 행복 공간이다. 오늘 하루도 나에게 선물이 찾아왔다.

지루한 일상에서 벗어나는 방법은 바로 사랑과 감사다. 모든 사람과 사물에 사랑을 주고 감사하는 마음으로 받기 시작하면 재미있고 신나고 활기찬 하루로 변신한다. '오늘'이라는 삶과 사랑에 빠지면 '오늘'은 나에게 계속해서 선물을 준다.

마흔 중반, 우연한 기회에
감사일기를 쓰기 시작하다

감사일기를 쓰기 시작한 계기를 타임머신을 타고 10년 전으로 가보자!

'딩동' 메일이 도착했다는 알람이 울렸다. 직장에서 온 메일이 도착했다. 직장에서 매달 책을 지정해주어 메일로 보내주었다. 〈책 읽는 코레일 5월의 책 안내〉에 관한 내용이었다. 나는 그 순간 심장이 멈추는 줄 알았다. 책 제목 때문이다. 내가 지금 읽고 있는 바로 그 책이었다. '정말 기적이 나에게 일어나고 있구나!' 실감이 나지 않는다. 지금 나를 새롭게 변화시켜주고 있는 책이다. 나는 우연히 《48분 기적의 독서법》이라는 책을 만났다. 《48분 기적의 독서법》을 읽고 난 후, 너무나 흥분되고 설레는 마음을 다음과 같이 글로 적었다.

"2013년 4월 6일이다. 여러 가지 환경의 밀어내심으로 책을 보는 것을 시작하게 된 날이다. SK에서 프리미엄(Premium) 서비스를 작년부터 제공받고 있다. 한 달에 한 번 약 2만 원 정도의 포인트를 받는다. 프리미엄 서비스는 영화, 방송, 전자책, 만화, 앱, 게임 등의 서비스를 받을 수 있다. 포인트로 최신 영화, 드라마, 최신 책도 볼 수 있다. 전자책도 무료다. 너무 신나서 내려받은 책이 무려 120여 권이다. 처음에는 책은 잘 읽지 않고 제목만 건성으로 봤다. 그러던 어느 날 책 한 권이 눈에 들어왔다. 《48분 기적의 독서법》이란 책이다.

원래 책을 잘 읽는 편은 아니지만 강의하기 위해서 조금씩 보는 편이다. 그 책은 나를 흔들기 시작했고 나를 빨아들이고 있었다. 손에서 책을 내려놓을 수 없었다. 처음에는 정말 그게 될까? 반신반의한 상태였다. 점점 가능할 수 있다는 희망이 들기 시작했고, 나도 해낼 수 있다는 믿음, 신념 같은 것이 생겼다. 가슴이 떨리기 시작했다. 하루에 48분이면 충분하고 3년이면 1,000권을 읽을 수 있다는 것이었다. 저자는 임계점이란 단어를 사용했다. 짧은 시간에 책을 읽은 양이 일정 수준을 돌파할 때 임계점을 넘는다고 했다.

나는 결심했다. 목표를 정했다. 하루에 한 권이면 한 달에 30권, 일 년이면 365권이다. 그러면 3년이면 충분히 1,000권은 넘게 읽을 수 있다. 이것은 일반적인 원칙이다. 믿음의 원칙을 적용하자는 생각이 떠오르면서 자신감이 생겼다. 하루에 힘을 다해 읽으면 하루에 2~3권도 읽을 수 있고 속독으로 빨리 더 많이도 읽을 수 있다.

"주여, 내가 얼마나 읽을 수 있을까요?" 주님께 물었다. 주님도 일반적인 원칙은 아니라고 말씀하셨다. 점점 더 책을 읽는 힘이 더 커

지리라는 확신이 들면서 행복해진다. 이렇게 해서 전자책을 읽기 시작했다. 처음에는 어색하고 속도도 잘 붙지 않아 시간을 확보하기가 어려웠다. 왜 하나님은 나를 갑자기 책을 읽게 하시지? 도대체 왜 나를 책을 읽게 밀어내고 계시지? 무슨 이유가 있을까? 이 나이에 왜 책을 읽어서 지식을 쌓을까? 무엇을 하려고 책을 좋아한 사람이 아닌 내가 얼마나 책을 읽을 수 있을까? 또 작심삼일로 끝나는 것은 아닐까? 하지만 이 모든 것은 나의 기우에 불과하다는 것을 알았다. 한 권을 읽으면 다른 책을 읽기 전에 오늘은 어떤 책을 읽게 하실까? 오늘은 어떤 책으로 나를 인도하실까? 오늘은 어떤 내용으로 어떤 사람을 만나게 하실까? 이런 기대와 설렘으로 책 읽기에 흥미를 느끼게 하셨다.

그 후 나는 김병완 작가의 책을 12권 읽은 것을 시작으로 작가별로 읽게 되었다. 류태영, 이상헌, 이지성, 유영만, 목수정, 공병호 작가 등으로 책을 읽게 되었다. 한 작가에 꽂히면 그의 다른 책들도 읽게 되었다. 그리고 특이한 점이 생겼는데 작가에게 편지를 쓰게 된 것이다. 책을 읽고 느낀 것과 감동된 것을 기록해서 편지를 썼다. 작가를 만나 대화하면서 감사함과 고마움을 전하고 싶었다. 작가의 사연을 직접 들어보고 싶은 생각이 들었다.

어느 날 이상헌 작가님의 《하루 5분 인생 수업》에서 다음의 글을 읽었다.

"진실한 사람, 밝고 긍정적인 사람, 어려움을 극복한 사람은 나이와 상관없이 내가 모시며 배워야 할 사람이다. 먼저 다가가 차라도 한잔하며 대화를 청해보는 것이 필요하다."

나는 이 글을 읽고 나서 즉시 실행해보고 싶었다. 그동안 만났던 사람 중에 진실한 사람, 밝고 긍정적인 사람, 어려움을 극복한 사람을 노트에 이름을 적어봤다. 생각보다 많은 사람을 적었다. 명단에 있는 분들에게 바로 약속을 잡았다. 이렇게 실천하고 나니 행복이 내 안에 차올랐다. 이 감정을 이 작가님께 전해드리고 싶었다. 이메일로 편지를 썼다. 바로 답장이 왔다. 이 작가님은 너무도 귀한 마음을 가지고 있다며, 그것을 바로 실천한 것을 칭찬해주셨다. 다음 날 이 작가님의 사무실에 찾아갔다. 나는 그날을 이렇게 기록했다.

"2013년 4월 23일, 오늘은 나에게 역사적인 날이다. 나의 영적인 하나님이 계실 뿐 아니라, 육신의 아버지와 같은 분을 만났기 때문이다. 책을 통해 평소에 존경하고 긍정의 에너지를 주시던 분을 직접 만나뵈었기 때문이다. 꿈만 같은 일들이 나에게 일어나고 있다. 책에서 봤던 긍정의 에너지와 힘이 실물을 뵈었을 때도 똑같이 전달되었다. 아니지, 오히려 내가 생각한 것보다 훨씬 몇 배나 크게 다가왔다. 그분의 따스함이 만져졌다. 평안하시고 인자하신 아버지가 앉아계신 듯했다. 방에 들어서자마자 악수로 인사를 나누고 앉았는데 찬송가 펴시며 함께 부르자고 하셨다. 찬송가는 456장, 1절과 4절을 불렀다. 승리에 관한 찬송이고 익숙한 멜로디인 베토벤의 곡이었다. 찬송이 끝나자 노래는 에너지가 있다고 말씀해주셨다. 좋은 노래의 에너지를 공유하는 것이라고 하셨다. 부자란? 돈이 많은 것이 아니고 마음이 부요한 사람이다. 행복한 부자가 되는 법을 말씀하셨다. 책을 통해서 즐거움을 주고 배려할 줄 아는 사람 되라고 하셨다. 책을 보는 법에 대해서도 말씀하셨다. '자신을 업그레이드' 하는 법에 대해 알려주셨다.

감사한 내용은 하루에 5개 이상 적어보라고 말씀해주셨다. 이 작가님의 글을 쓰는 것을 돕고 있는 분은 6개월 정도부터 쓰기 시작해서 벌써 1,500개 정도 썼다고 했다. 그럴 때 급성장하게 됐다고 말씀해주셨다."

갑자기 돌아가신 아버지가 생각이 났다. 벌써 아버지가 돌아가신지 20년이 넘었다. 그때를 생각하면 자꾸 눈물이 난다. '아버지! 아버지! 불효자를 용서해주세요.' 시험공부를 한다고 바빠서 아버지를 복음 집회에 모시고 갈 기회를 놓쳤다. 다음에 또 기회가 올 줄 알았는데 다시는 기회를 잡을 수 없었다. 그리고 10일도 지나지 않아서 직장에서 과로로 쓰러지시고 3일 만에 돌아가셨다. 이 작가님을 만나고 나니 돌아가신 아버지가 생각났다. 앞으로 더는 후회 없는 삶을 살라는 아버지의 뜻으로 받아들였다.

그 만남으로 감사에 대한 소중함을 깨달았다. 감사일기를 본격적으로 적기 시작한 계기가 되었다. 감사일기를 써야겠다는 마음이 강력하게 일어났다.

처음 3개월 동안 100권의 책을 읽었다. 100권의 책을 읽고 달라진 것이 30가지가 넘었다. 기록하는 습관이 생겼다. 책을 읽을 때도 기록하고 메모하는 습관이 생겼다. 전에는 눈으로 읽기만 했다가 보는 양이 늘어날수록 스마트폰을 보는 시간도 점점 줄어들기 시작하고 TV를 보는 시간도 줄어들기 시작했다.

감사일기를 쓰기 시작했다. 글을 쓰기 시작했다. 자주 눈물을 흘렸다. 책을 가지고 이야기하는 시간이 많아졌다. 생각이 꼬리에 꼬리를 물고 이어졌다. 저자를 직접 만나게 되었다. 아이디어가 많아졌다. 가슴설레는 목표가 생겼나.

책 읽기 시작하고 100일이 되던 날 새벽에 벅찬 마음으로 다음과 같이 기록했다.

"시작한 것이 엊그제 같은데 100일이라는 시간이 지났다. 모든 일을 하면서 작심삼일로 끝난 적이 많았다. 하지만 책 읽기를 시작해서 100일을 완성했다. 100일이란 하나의 완성이고 하나의 성취다. 이 순간 글을 쓰고 있다는 자체가 나에게는 큰 변화요, 기적이다. 지금은 새벽 5시다. 하지만 생각과 정신은 맑고 깨어 있다. 그 생각을 글로 적고 있다. 앞으로의 삶이 더 기대되고 설렌다. 더 넓은 마음으로 더 큰 뜻으로 더 깊은 마음으로 더 멀리 볼 수 있는 생각으로 모든 사람과 온 인류를 품는다. 이 하늘과 땅의 주인으로 사람과 모든 사물을 섬긴다."

10년 전의 기록이 이렇게 다 남아 있다니 나도 놀랐다. 나는 지금 10년 전과 지금 모습의 데자뷔를 보는 것 같다. 책을 읽은 것도 글을 쓰고 일기를 쓴 것도 체중을 감량한 것도 지금의 상황하고 똑같다. 다른 것은 그때는 책을 쓰겠다는 마음만 있고 책을 쓰지 못했다는 것이다.

감사일기를 쓰면서 글을 쓰겠다는 마음의 불씨가 있었지만, 책을 완성해내지는 못했다.

감사일기는 숙제나 과제가 아니다. 숙제나 과제는 일하는 느낌이라면 감사를 찾는 것은 보물찾기 놀이다. 감사를 찾는 게임이다. 즐겁고 행복한 게임을 하는 것이다. 아이가 친구와 함께 놀면서 선물을 찾는 것과 같다. 하루라는 시간 안에 숨겨진 감사거리를 찾을 때마다 우리는 행복한 보물을 찾아내는 기쁨을 맛보는 것이다. 감사하는 마음을 가지고 살면 감사가 보인다. 감사가 느껴지고 감사가 인식되고 감사를 알아차리게 된다.

이제는 감사일기가 개인의 기록으로 그치지 않고 한 단계 전진하기를 바란다.

감사하면 고민이 사라지고
해결책이 보인다

"걱정은 멈추지 않고 떨어지는 물방울과 같다. 쉴새 없이 떨어지는 걱정의
물방울은 사람의 몸과 마음을 갉아먹으면서 끝내 스스로 목숨을 끊게까지 한
다."

– 데일 카네기 –

여러분에게는 어떤 고민이 있는가? 고민의 종류를 말해보면, 끝이
없을 것이다. 모든 것이 고민거리가 될 수 있기 때문이다. 친구문제,
자살문제, 취업문제, 대학문제, 결혼문제, 장래 문제, 그리고 말 못
할 고민도 있다. 모든 사람이 고민 하나는 가지고 있다. 늙은 사람이
든, 젊은 사람이든 심지어 어린아이들까지도 말이다. 고민은 한자로
고민(苦悶)은 괴로울 '고'에 답답할 '민'이다. 괴롭고 답답한 것이다.
마음속으로 괴로워하고 불안해하는 것이다.

고민은 말을 하지 않고 혼자 끙끙거리고 마음속으로 가두어놓은
것이다. 고민을 마음속에 하나씩 쌓아두다가 보면 나도 모르게 멈추

지 않고 떨어지는 물방울같이 몸과 마음을 갉아먹는다.

  말 못 할 고민은 대부분은 말하기가 부끄럽고 창피한 경우다. 1년 전 달리기를 시작하면서 살이 많이 빠졌다. 10kg 이상 몸무게를 줄였다. 살이 10kg 이상 빠지니 너무 많은 몸의 변화가 일어났다. 처음에는 5km를 달리기가 힘이 들었다. 이제는 10km는 기본으로 달리고, 시간은 50분대로 달린다. 길게는 넘어서 20km까지 달리게 되었다. 몸의 군살이 다 빠졌다.

  어느 날 샤워하고 물기를 닦는데 아래쪽에 멍울이 만져지는 것이다. '피곤해서 그런가 보다.' 대수롭지 않게 생각하고 그냥 지나갔다. 며칠이 지났다. 운동하고 샤워하는데 여전히 멍울이 만져졌다. 어떨 때는 안쪽으로 들어가버린다. 조금씩 불안하고 걱정이 되었다. 이러다가 어떻게 되는 것 아닌가? 살을 너무 빼서 문제가 생겼나? 또 며칠이 지났다. 점점 더 불안감은 더욱 커졌다. 이 멍울이 암인가? 인터넷으로 검색해도 어떻게 찾아야 할지 막막했다.

  이제 고민이 되기 시작했다. 아내에게 말을 하지도 못했다. 위치도 남성의 생식기 근처라 정확히 어디가 문제인지도 말하기가 모호했다. 그래도 통증은 없어 견딜 수 있었다. 시간이 흘러 한 달이 되었다. 어디에다 말할 수도 없고 속으로 앓고 있으니, 살 더 빠지는 것이다. 진짜 답답하고 스트레스가 쌓였다. 마음속으로 끙끙 앓고, 가슴앓이로 몸이 점점 타들어 가는듯했다.

등산하고 내려오는데 멍울 같은 것이 더 커져서 이제는 눌러도 들어가지도 않았다. '이제 더 이상 안 되겠다'라고 마음먹고 아내에게 말했다. 인터넷 검색을 통해 사타구니 탈장과 비슷한 증상인 것을 알게 되었다. 유튜브에서 찾아보고 흔한 외과수술인 것을 알았다. 전문용어로는 서혜부 탈장이었다. 우리나라에서 가장 권위 있는 전문병원도 찾았다. 전화, 한 통화로 다음 날 진료 예약을 잡을 수 있었다. 수술 날짜를 잡는 것까지 모든 것이 일사천리로 되었다. 이렇게 쉽게 해결되는 것을 말이다. 말을 하면 쉽게 해결될 수 있었다. 고민이라는 것을 마음에 두면 힘이 들지만 털어놓으면 아무것도 아니다.

나는 이 일로 인해 많은 것을 깨달았다. 고민할 시간에 털어놓고, 말하고, 행동하는 것이다. 더 이상 고민과 싸우지 말고 시간을 낭비하지 말아야 한다. 시간은 황금보다 더 귀하다. 시간이 모여서 인생이 된다. 시간을 낭비하는 것이 인생을 낭비하는 것이다. 나는 여기에서 적극적으로 행동하는 것이 바로 감사하는 마음과 사랑하는 마음을 적용해서 넣어보는 것이다. 고민이 될 일이 생기면 이제는 고민으로 채우지 말고 그 대신 감사와 사랑을 채우는 것이다.

어리석은 사람은 틀린 것인 줄 알면서 그 안에 틀린 답을 넣는다. 지혜로운 사람은 한 번 틀린 오답은 다시 넣지 않을 것이다. 실패와 시행착오는 성공을 위한 기회다. 우리가 평생 사용해서 오답인 것을 알았다면 이제는 한 번쯤 다른 답을 넣어보면 어떨까? 이제는 고민과 걱정과 염려와 불안을 대신해서 감사와 사랑으로 바꿔봤으면 좋겠다.

우주의 잘못된 주문을 이제는 더 이상 넣지 말고 메뉴를 바꾸어서 가장 긍정적이고 가장 강력한 힘을 지닌 메뉴를 주문해보자. 고민만 하지 말고 그 안에 감사하는 마음을 넣어보고 사랑하는 마음을 넣어보자. 이것은 이전에 생각과 말과 습관을 단번에 깨뜨리고 새로운 것을 급격히 세우는 일이다. '감사와 사랑'으로 새로운 삶을, 새로운 문화를, 새로운 시대가 기대된다. '감사'와 '사랑'이 더해지면 강력한 힘을 발휘한다. '감사'와 '사랑'이 하나로 힘을 합하면 '감사랑'이 된다. '감사랑' 친해지자.

'감사하면'은 무슨 뜻일까? 감사를 어떻게 해야 하나? '감사하면' 이란 생각으로 감사하는 것인가? 아니면 말로 감사하는 것인가? 아니면 행동으로 감사하는 것인가?

웃음은 간단하게 이해된다. '웃으면' 복이 오고 '웃으면' 행복해진다. 웃음은 행동이란 결과를 수반하고 있다. 감사는 어떻게 적용할 수 있을까? '감사'를 한자로 보면 感謝(감사)는 느낄, 마음을 움직일 '감'이고 사례할 '사'다. '감사'라는 말에는 마음 心(심)과 말씀 言(언)이 함께 들어 있다. 감사라는 자체만으로 에너지가 있고 힘이 있지만, 우리가 사용할 때 더 큰 효과와 파동을 얻기 위해서는 말만 아니라 마음을 담아서 말해야 한다. 결국 '감사하면'은 추상적인 것 같지만, 생각과 말 그리고 행동으로 하는 것이다. 말에 마음을 담아야 하는 것이다.

지나가는 두 젊은이의 이야기를 들었다. 한 젊은이 친구에게 "왜 너는 너의 돈으로 물건을 사면서 '감사합니다'라고 말하냐?"라고 따지면서 물었다. 친구는 아무 말을 하지 못했다.

옆에서 그 이야기를 듣고 있으면서 하나의 생각이 떠오른다. 얼마나 사람들이 감사하는 마음이 없는 삶을 살고 있다는 것을 깨달았다. '감사합니다'라는 인사말이 이제 신세대는 아깝게 생각하고 있다. '감사합니다'라는 말에 마음이 없이, 영혼 없는 인사가 되어 버렸다.

이 세대는 점점 감사하는 마음의 힘을 잃어가고 있다. 아니 감사하는 마음의 힘이 무엇인 지 한 번도 제대로 체험해보지 못했을 것이다.

얼마 전에 출근 때 일이다. 집이 용인 동백이다. 용인에서 구로까지 출근 시간은 보통은 2시간은 걸린다. 집 앞에서 마을버스를 타고 기흥역까지 간다. 기흥역에서는 전철을 이용해 수원까지 이동하고 수원에서 기차를 탈 때도 있고 전철을 이용할 때도 있다. 그날은 새로 산 책, 김태광 작가님의 《끝에서 시작하라》를 보고 있었다. 이 책은 절판된 책이라 아주 귀한 것이었다. 책을 보다가 구로역에서 내려야 하는데 내리지 못했다. 출근하는 시간이 거의 됐다. 다른 때 같았으면 기분이 상하고 서두르고 긴장해서 발걸음이 무겁고 답답했을 것이다. 허둥지둥 마음이 바빠 분주하고 여유가 없었을 것이다. 이날은 감사하는 마음과 사랑하는 마음을 가지고 이 상황을 적용해 보자는 생각이 먼저 들었다.

'감사하는 마음'으로 몸과 마음을 가득 채우게 했다. 고민이나 걱정의 자리에 감사와 사랑을 채웠다. '아직 늦지 않았으니까 긴장하지 말자. 너무 서두를 필요도 없다. 요새 운동할 시간도 없었는데 오히려 잘 되었다. 지금 가방도 20kg 넘게 나가니까 가방을 메고 달리면 운동 효과가 좋겠다'라고 생각하니 한결 마음이 편하다. 유리 멘탈이 강철 멘탈이 되었다는 생각이 들었다. 감사하는 마음이 내 생각에, 감정에, 온몸에 가득 전해지자 더 이상 고민거리가 되지 않고 기대와 환호가 생겼다.

집에서 며칠에 걸쳐 쓴 한글파일 원고가 다 날아가 버렸다. 다 완성했는데 말이다. 마지막으로 원고 수정하고 프린트해서 원고를 읽어볼 생각이었다. 그래서 노트북을 가지고 회사에 출근했다. 같은 이름으로 저장된 파일이 두 개가 있었다. 완성되지 않은 파일을 저장했다. 한순간 멘붕이 올 만한 상황이다. 하지만 나는 차분히 '걱정'과 '염려'와 '고민'에게 기회를 주지 않았다.

'할 수 있는 방법이 있을 거야. 아니면 한두 시간 다시 치면 되지 뭐.' 감사합니다. 사랑합니다, 라고 계속 말을 하고 있었다.

집에서 나올 때 아내에게 프린트물을 드렸다. 집에 전화해서 우선 프린트물을 보내달라고 했다. 그 프린트물을 가지고 사진을 찍었다. 스마트폰 사진 기능 중에 텍스트 복사하기를 이용해 에버노트에 올렸다. 에버노트에 올린 내용을 다시 복사해서 한글파일에 붙여넣기를 했다. 약 90%까지 재생이 되었다. 이제 오타와 띄어쓰기만 하면 된다. 마음의 안정과 안도가 되었다.

매번 이런 상황은 온다. 아무런 준비 없이 이전에 하던 대로 하면 또 '고민'에게 기회를 주었을 것이다. 나는 오늘도 감사하는 마음과 사랑하는 마음이 움직이고 행동하도록 기회를 준다.

감사는 시련과 고통 속에서
더 빨리 벗어날 수 있도록 도와준다

"가장 큰 시련의 순간에 행하는 것이 최대의 성공이 될 수 있음을 깨달아라. 너희가 창조하는 체험은 '자신이 누구인지'와 '자신이 어떤 존재가 되고 싶은지'에 관한 진술이기에."

– 닐 도널드 월시, 《신과 나눈 이야기》 –

가장 큰 시련의 순간에 행하는 것이 최대의 성공을 맛볼 수 있다. 자신이 누구인지, 어떤 존재인지를 알 수 있다. 인생을 살면서 몇 번의 기적 같은 일들을 체험한 적이 있다.

철도청에 근무하셨던 아버지가 연천역장으로 발령이 나서 우리 가족은 연천으로 이사했다. 6세 때부터 8세 때까지 연천에서 살았다. 연천에서 살았던 기간은 3년밖에 안 됐지만, 그때의 추억이 너무 강렬해서 연천이 내 제2의 고향이 되었다. 산에 올라가 친구들과 칡뿌리도 캐먹었다. 감자와 옥수수도 먹고, 밤도 주워서 까먹고 여름에는 개구리도 잡아먹었다. 하루는 샐비어꽃에 있는 꿀을 빼 먹다가 벌에 쏘인 적도 있었는데 퉁퉁 부은 입술에 동네 어르신분은 된장을 발라주셨다. 철없는 개구쟁이 시절, 지금 생각하면 얼마나 어이가 없었는지 모른다. 집에서 키우던 셰퍼드가 쥐약을 먹고 죽였던 날은 온종일 울기도 했다.

　겨울에는 추수가 끝난 논에 물을 대고 스케이트장을 만든다. 1977년, 그때는 스케이트를 가지고 있는 사람이 많지 않았다. 대부분 집에서 썰매를 직접 만들어서 타는 것이 전부였는데 어느 날 아버지가 스케이트 2세트를 사 오셨다. 하나는 아버지의 것이고 하나는 내 것이었다. 지금 생각해보니 아버지와 나와의 또 다른 추억이었다. 그날부터 아버지는 직접 스케이트 타는 법을 알려주셨다. 잊어버린 추억 하나를 생각나게 해주셔서 감사하다. 어느 날 스케이트를 타다가 논두렁에 빠져버렸다. 논두렁이 깊지는 않았지만 혼자서는 도저히 나올 수가 없었다. 그때도 아버지가 도와주지 않았다면 차가운 논두렁 속에서 빠져나오기 힘들었을 텐데, 그때는 어리고 경황이 없어 아버지에게 감사하다고 인사를 드리지도 못했다. "아버지. 다시 한번 감사드립니다."

　어머니는 연천으로 이사 오자마자 나를 교회에 데려다주셨다. 나는 교회에 열심히 다녔다. 7세 때쯤 일이다. 자고 있는데 가위에 눌려 가슴이 답답하고 죽을 것 같았다. 그때 고통이 너무 심해서 '이제

죽는구나! 어떻게 하지?' 나는 울면서 간절하게 하나님을 붙잡았다. 나는 이렇게 기도했다.

"하나님! 저를 살려 주시면 하나님을 위해 일생을 드리겠습니다. 살려주셔요!"

나는 곧 깨어났다. 그리고 감사의 기도를 드렸다. 나는 아무것도 몰랐다. 하나님이 날 살려주셨다고 생각했다. 이제 새로운 인생을 살고 있다. 인생은 나의 것이 아닌 하나님의 것이다. 나에게 왜 이런 일이 있었을까? 보너스로 인생을 살고 있다. 나에게 기회를 주신 것이 감사하다. 나는 감사의 삶을 살 수밖에 없다. 나는 이 체험이 어떤 것을 의미하는지 잘 알고 있다. 내가 누구인지, 내가 왜 이 땅에 사는지 분명해졌다. 너무도 감사하다. 하나님이 나를 선택해주셨다. 나는 선택을 받았다.

인생에서 몇 번의 기적 같은 체험을 했다. 그러면서 나는 조금씩 변화해가고 있었다. 그중 16세, 중학교 3학년 때의 일이다. 도서관에서 집으로 돌아오는 저녁나절이었다. 나는 공부하느라 힘도 없고 지쳐 있었다. 하나님은 안 계신 것 같다고 계속 중얼거리며 걷고 있었다. 그런데 그때 가슴이 뭉클해왔다. 나는 내가 부인하면 할수록 더욱 하나님이 살아계신다는 것을 마음속 깊이 확신할 수 있었다. 내 눈에서 갑자기 눈물이 흐르기 시작했다.

그동안 나는 내 안에 살아계신 하나님을 인식하지 못했다. 하지만 그분은 내 안에 살아 계셨다. 세상 만물이 새롭고 눈부시게 보이는 순간이었다. 모든 것에 대한 감사가 터져나왔다.

그 이후로 내 성격은 조금씩 바뀌기 시작했다. 나는 적극적으로 변했고, 사람을 대하는 데도 자신감이 생겼다.

우리 가족은 철도 가족이다. 할아버지와 아버지 그리고 나와 남동생 모두 철도에서 3대째 일하고 있다. 할아버지는 보선원을 하시다가 퇴직하셨고, 아버지는 철도교통고등학교를 졸업하셨다. 서울역 여객과장으로 순직하시기까지 30년 넘게 철도에서 근무하셨다. 아버지의 순직으로 국가유공자 자녀가 되어 입사할 때부터 혜택을 받고 입사했다. 그러나 정작 아버지에게 감사함은 잊고 살았다. 정확히 말하면 잊고 산 것이 아니라 아버지가 내 인생에서 감사한 분이시다는 것을 별로 생각해본 적이 없었다.

내 나이 20세 때 아버지가 갑자기 돌아가시고 난 후부터 왠지 모르는 두려움과 황당함을 안고 아버지가 없었던 사람처럼 살아왔다. 이제 50세가 넘어서야 문득 아버지가 생각났다. 아버지가 돌아가신 지 34년이 지나도록 이런 생각을 해본 적이 없다. 이 모든 것은 감사하는 마음이 지닌 마법의 힘이 있었기에 가능하지 않았을까? 감사하는 마음을 느끼고 실천하다 보니 행복감이 내 안에서 솟아나는 것을 체험하고 있다. 이것이 감사하는 마음이 지닌 마법의 힘이다. 처음으로 아버지에 대한 기억을 떠올려본다.

아버지는 항상 성실하셨다. 내가 초등학교 다닐 때 행정고시를 준비하신다고 집 근처 도서관에서 공부하셨다. 식사 때문에 모시러 가는 일이 많았다. 아버지는 그때마다 미제 카세트 녹음기에 자신의 목소리로 중요한 요점들을 직접 녹음해놓고 반복해서 들으시며 공부하고 계셨다. 두뇌가 중요한 것이 아니라 노력하는 자세가 더 중요하다고 말씀해주셨다.

우리 집, 가훈은 '정직'이다. 안방에 '정직하게 살자'라고 친필로 써서 액자에 넣어 걸어놓으셨다. 아버지는 따뜻한 분이셨는데, 거짓말을 하면 엄격하게 혼을 내셨다. 혼을 내실 때도 한 번도 감정적으로 혼을 내시거나 때리신 적이 없었다. 회초리를 가져와서 잘못한 것을 인지시켜주시고 몇 대 맞을 것인지 물어보신 후에 그 숫자만큼 회초리로 때리셨다. 그래서 아버지에게 혼이 날 때는 잘못한 것을 알고 있어서 한 번도 억울한 적이 없었다. 아버지는 술, 담배도 하시지 않으셨다. 술을 드시고 가족을 힘들게 한 적이 없으셨다. 어느 날인가 딱 한 번 직장 회식에서 술을 드시고 집으로 돌아오셨다. 같이 근무하는 동료가 일은 하지 않고 윗사람에게 아부하며, 아버지의 공로를 훔쳐간 일이 속이 상해서 술을 드셨다고 하셨다. 그때가 아버지가 술을 드신 처음이자 마지막 기억이다.

대학교 1학년 겨울 방학 전이었다. 그날 아침에도 아버지와 함께 식사했다. 그때는 핸드폰이 없던 때라 저녁 늦게 연락이 되었다. 그 당시 아버지는 서울역 여객과장으로 근무하고 계셨다. 전화예약 서비스가 처음 도입되는 시기라 힘든 일이 많으셨다고 들었는데 회의 도중에 쓰러지셨다는 비보를 받았다. 중환자실로 실려 들어가신 뒤로 깨어나지 못하고 3일 만에 돌아가셨다.

아버지는 힘드신 일이 있거나 윗사람에게 혼이 나서 분위기가 험악할 때도 아랫사람들을 다그치신 적이 한 번도 없었다고 한다. 아버지와 함께 일하셨던 동료분들이 말씀해주셨다. 직원들에게 따뜻하게 대하시고 덕을 많이 쌓으셨다고 한다. 후에 아버지의 도움을 받은 분들로부터 많은 사랑과 도움을 받게 되었다.

"아버지! 감사합니다. 저의 인생에 길이 되어주셔서 감사합니다. 제가 살아가는 데 있어서 방향이 되어주셔서 감사합니다. 저는 당신을 잊고 살았는데 당신은 항상 저를 지켜주시고 돌아가셨어도 후원자를 저에게 보내주시면서 돌봐주셔서 감사합니다. 좋은 성품을 저에게 물려주셔서 감사합니다. 성실한 성품도 물려주셔서 감사합니다. 정직함에 대해 소중한 가치로 여기며 살게 해주셔서 감사합니다. 약속을 지키는 것에 대해서도 좋은 본이 되어주셔서 감사합니다. 항상 인격적으로 저를 대해 주셔서 감사합니다. 아버지 정말 감사합니다."

삶에 지쳐서 힘들고 어려울 때 나 혼자 힘들게 살아왔다고 생각했는데 내적으로 보이지 않게 감사하는 마음이 힘이 되었고 성장할 수 있게 했다.

감사는 시련과 고통의 상황에서 빨리 벗어나게 하는 힘이 되었다. 다만 내가 인지하지 못했을 뿐이다. 감사하는 마음으로 사는 것은 시련을 시련이 아니게 하는 변형된 축복이자 선물이라는 것을 깨달 았다. 시련과 고통의 느낌이 들 때, 이제는 나에게 어떤 축복을 주시 려고 할지 기대가 된다.

감사 습관을 지니면서부터
내 삶은 완전히 달라졌다

"습관이란 인간이 어떤 일이든지 하게 만든다."

– 도스토옙스키 –

성공하는 사람과 실패하는 사람의 차이는 무엇일까? 바로 습관의 차이다. 좋은 습관을 지니고 있다면 성공할 확률이 높아진다. 당신은 어떤 습관을 지니고 있는가? 일찍 일어나는 습관, 운동하는 습관, 책을 읽는 습관, 메모하는 습관 등 좋은 습관들이 많다.

나는 2개월 전부터 매일 새벽에 하는 루틴이 있다. 할 엘로드(Hal Elrod)의 《미라클 모닝》을 읽고 나서부터 이 루틴으로 하루를 시작하고 있다. 인생을 구원하는 작은 습관이다. 새벽 시간을 더 알차게 보내고 있다.

침묵을 통한 명상과 큰 소리로 스스로 다짐하는 확언을 한다. 행동과 결과를 상상해 그리는 시각화와 몸과 마음의 균형을 맞추는 운동과 지식을 읽어내는 독서, 시각화한 내용을 손으로 기록하는 모든 루틴을 지속하고 있다.

새벽에 기록하는 내용은 거의 감사하는 내용으로, 감사일기를 쓰는 시간이 되었다. 감사하는 생각이 부정적인 생각을 바꾸기 시작했다. 소극적인 말이, 의심의 말이, 비판의 말이 점점 긍정적인 말로 채워져 갔다.

이 루틴을 계속하면서 새벽 시간이 얼마나 귀하고 행복한지를 깨닫는다. 감사하는 마음이 가득 채워지자, 감사에 관한 책들이 눈에 들어왔다.

나는 출근하다가 책꽂이에서 3년 전에 사두었던 책 한 권을 발견했다. 그날 이 책을 온종일 읽으면서 가슴이 떨리기 시작했다. 그 책이 바로 김태광 작가님이 쓴 《마흔, 당신의 책을 써라》였다.

이 책은 머뭇거리고 주저하고 망설이던 나를 완전히 흔들어놓았다. 잊고 있었던 나의 꿈을 떠올려주었다. '나는 나의 책을 쓴다. 나의 책을 쓴다. 반드시 나의 책을 100권 이상 쓴다.' 10년 전에 확언하고 기록한 버킷리스트를 생각나게 한 것이다. 이 책을 읽으며 정말 감사하고 고마운 마음에 메모를 써두었다. '바로 옆에 서서 제게 큰 소리로 온 힘을 다해 강력한 에너지를 보내시는 걸 느낄 수 있었다.' 이 책에서는 이렇게 말하고 있었다.

"책은 누구나 쓸 수 있다. 책을 쓰겠다는 확고한 결단과 끝까지 포기하지 않고 원고를 쓰겠다는 강한 인내심과 내가 쓴 원고가 책으로 출간되리라는 확신만 있으면 된다.

　사람들에게는 저마다 고유한 콘텐츠가 있다. 그러므로 책을 쓰는 스킬만 익히면 얼마든지 책을 쓸 수 있다. 글을 잘 쓸 수 있는 비결은 바로 닥치고, 징징대지 않고 일단 쓰는 것이다. 책을 꾸준히 읽고 꾸준히 쓰면 반드시 필력이 늘게 되어 있다. 자신이 평범하다고 생각한다면 당신은 무조건 책을 써야 한다.”

　이 문장은 나를 완전히 강타했다. 나는 평범한, 지극히 평범한 사람이니까 무조건 책을 써야 한다고 생각했다. 책을 쓰는 것은 나에게 선택의 문제가 아니라 필수다. 내가 선택할 수 있는 유일한 길은 책을 쓰는 것이다.

　기적 같은 인연으로 김 대표님을 만날 수 있었다. 하늘이 맺어주지 않았다면 만날 수 없었으리라. 그렇게 가입한 〈한책협〉을 통해 이제 내가 책을 써야 하는 분명한 이유를 알게 되었다.

　책 읽기를 본격적으로 시작해 김 대표님을 만나기까지 10년이 걸렸다. 10년 전 책 읽기에 몰두했을 때 김 대표님을 만났더라면 더 좋지 않았을까. 후회해도 소용없는 일이다. 바로 지금이 가장 좋은 때고, 날이다. 이제 더는 미룰 수 없다. 주저하거나 머뭇거릴 시간이 없다. 시간을 단축해야 한다.

　나는 더는 시행착오나 실패를 원하지 않는다. 김 대표님 같은 최고의 전문가를 만난 것은 축복이다. 인생에서 가장 중요한 것은 돈이 아닌 시간이다. 인생은 시간으로 구성되어 있다. 시간을 아끼는 것은 인생을 아끼는 것과 같다.

저자가 되어야 하는 또 다른 이유는, 책 쓰기가 진짜 공부가 되기 때문이다. 책 속에는 저자의 경험과 지식과 정보, 철학이 담겨 있다. 인생을 살았다는 것은, 그 속에 많은 경험과 체험, 노하우와 아이디어, 시련과 역경이 함께 녹아있다는 말이다.

작은 생각의 변화는 나를 책으로 이끌었고 책은 나를 감사의 책으로 인도했다. 감사의 책은 나를 더 깊은 감사의 체험으로 이끌고 있다. 감사하는 마음을 가지고 살게 하고 있다. 감사의 책은 이제 나를 '감사의 책'을 쓰도록 인도하고 있다. 감사하는 마음이 지닌 힘은 더욱 깊이 감사를 체험하고 느끼게 해준다는 것이다.

감사하는 마음의 실천이 하나, 둘 쌓이면 감사하는 습관이 된다. 그래서 생각한 것을 하나씩 실천해보기로 했다. 행동으로 옮겨봤다.

그중의 하나가 전동열차 안에서 안내 방송을 하는 것이다. 이 방송을 하니 내가 먼저 기분이 좋아진다. 이 방송을 몇 분이나 들어주실지 모르지만, 한 사람에게라도 마법의 가루가 뿌려졌으면 좋겠다고 생각했다. 마법의 가루, 행복의 가루, 축복의 가루, 성공의 가루, 건강의 가루, 기쁨의 가루를 뿌렸다.

"다만 축복합니다. 이 전철을 이용하시는 모든 분이 축복받으시길 기도합니다. 집으로, 직장으로, 학교로 가는 곳마다 이 감사하는 마음을 가진 축복의 가루야! 뿌려져라. 샤르르르~! "

두 달 전의 일이다. 나는 천안에서 출발해서 광운대까지 가는 열차에서 안내 방송을 한 내용은 다음과 같다.

"안녕하십니까? 고객님! 저는 702 광운대행 열차, 차장 김봉선입니다. 고객님께서 편안하고 안전하게 이용하실 수 있도록 최선을 다하겠습니다. 감사하는 습관이 삶을 바꿉니다. 감사하는 마음으로 고마운 분들에게 '감사합니다. 고맙습니다'라고 인사로 하면서 마음을 전하면 어떨까요? 오늘 하루가 더 행복해지실 겁니다. 오늘도 저희 코레일을 이용해주셔서 대단히 감사합니다. 고맙습니다"

방송한 후 5분이 안 되었다. 성균관대역에서 내리는 어린아이가 보였다. 엄마와 아빠의 손을 잡고 걸어가는 모습이 눈에 들어왔다. 나는 손을 들어 인사를 하면서 웃어주었다. 어색했는지 몸을 꼬면서 엄마 뒤에 숨어서 인사를 했다. 그런데 곧바로 아이가 스크린 쪽으로 달려왔다. 나에게 활짝 웃으면서 손을 격렬하게 흔들며 인사를 다시 했다. 나는 그 아이의 진심이 만져졌다. 아이의 순수함에 기분이 좋아진다. 이렇게 주고받는 인사와 눈 맞춤에서도 행복해진다. 감사하게 되고 웃음이 저절로 나온다.

어느 날 의정부역에서 아주머니께서 전철을 내리시면서 인사를 하신다. "많이 힘이 드시지요? 이렇게 늦게까지 일을 하시고 피곤하실 것 같아요." 나는 "괜찮습니다. 감사합니다"라고 인사를 드렸다. 다시 아니라고 하시면서 "저희를 위해 항상 수고해주시는 분, 덕분입니다"라고 말씀하셨다. 나는 다시 "이렇게까지 신경 써주시고 위로해주시니 제가 더 감사합니다"라고 인사를 드렸다. 마지막까지 서로 감사하다는 인사를 주고받으며 헤어졌다.

'감사합니다'라는 말이 다만 물건을 사고팔 때 예의상으로 하는 인사말이 아니라, 마음이 들어 있고 사랑이 들어 있는 인사는 사람을 행복하게 하고 사람을 기분이 좋게 만든다.

얼마 전에 수도권 광역본부에서 연락이 왔다. 방송을 듣고 어떤 분이 칭찬 민원을 내셨다고 한다. 칭찬 민원을 주신 분께 감사하다. 칭찬 민원을 쓴다는 것이 쉽지 않은데, 말이다. 그분의 마음을 움직이게 해주셔서 감사하다. 그분 덕분에 부상까지 받게 되었다.

감사하는 마음의 힘은 실천하고 행동할 때 강력해진다. 백번의 생각하는 것보다 한 번의 행동이 더 중요하다. 감사하는 습관을 지니면서 내 삶은 일생 한 번도 하지 않았던 감사의 책을 쓰게 만들고 감사하는 마음을 실천해서 행동하고 있다.

책을 쓰고 있는 과정이 즐겁고 행복하다. 무엇인가를 새롭게 창조하고 있다. 감사하는 마음을 실천하고 행동함으로 감사를 창조하고 있다. 글을 통해 창조하고, 실천을 통해 창조하고 있다. 나의 삶을 새롭게 창조하고 있다.

감사를 습관화하려면
연습과 노력이 필요하다

"처음에는 우리가 습관을 만들지만, 그다음에는 습관이 우리를 만든다."

– 존 드라이든 –

예전에 일본을 방문해서 일본철도를 보고 인상 깊은 것이 있었다. 철도에 근무하는 분들의 행동 때문이었다. 고객들이 볼 수 있는 홈에 나와서 큰 동작과 함께 큰 소리로 사물을 손가락으로 지적하며 소리를 질렀다. 처음에는 그러한 행동이 이상하게 여겨지고 어색하게 생각이 들었다. 그때 나는 역무원이어서 그런 행동이 이해가 안되었다. 그 후 내가 직접 전철 차장을 하고 보니 이해가 된다.

철도에서도 그것을 전문용어로 '지적 확인, 환호 응답'이라고 한다. 확인해야 할 대상물을 직접 하나하나 손가락으로 지적하고 지적한 다음에 이상 여부를 입으로 외치고, 외치는 그것을 내가 듣는 것이다. 이런 행위는 단순한 것 같지만 반복하고 습관화시킬 때 사고의 실수를 줄인다. 지적 확인과 환호 응답은 번거로운 일이지만, 고객의 안전을 더 지킬 수 있는 것이다. 사람의 눈으로만 확인할 때 나타난 2.68%의 실수 확률이 지적 확인을 하면 최대 0.38%까지 줄어든다. 지속적인 반복으로 의식의 행동이 무의식적인 행동이 되는 것이다. 습관이 될 때 모든 것이, 자연스럽고 힘들지 않고 저절로 자동으로 나오는 것이다.

처음에는 우리가 습관을 만드는 것 같지만 나중에는 습관이 우리를 만든다. 습관은 어떤 행위를 오랫동안 되풀이하는 과정에서 저절로 익혀진 행동 방식을 말한다. 시간이 필요하고 반복되는 과정이 필요하다. 새로운 습관을 만들기 위해서는 전에 있는 습관과 전쟁을 해야 한다. 이전에 습관은 무의식적인 행동이지만 새로운 습관은 의식적인 행동이다.

습관은 뇌의 문제이기 때문이다. 뇌는 이것이 좋은 습관인지 나쁜 습관인지 구분하지 않는다. 뇌는 좋은 습관과 나쁜 습관 중에 더 익숙한 것을 받아들인다. 왜냐하면, 그럴 때 뇌는 에너지를 절약할 수 있기 때문이다. 감사를 습관화하는 것도 마찬가지다.

나는 감사를 습관화하기 위해서 '감사 습관 여행'을 떠난다. 감사하는 마음을 가지고 감사하는 생각이, 감사하는 감정이, 감사하는 말이, 감사하는 태도가, 감사하는 자세가, 감사하는 행동이, 감사하는 실천이 모여 감사하는 습관이 된다.

감사는 마음이나 말뿐만 아니라 행동과 실천을 통해 더 강력하게,

역동적으로 일어난다. 감사하는 실천이 습관이 된다. 나는 감사하는 습관을 만들기 위해 감사하는 마음을 실천하고 행동하고 있다. 그중 하나가 '감사 습관 여행'이다. 이런 여행은 처음 들어봤을 것이다. 아내와 나는 가끔 '감사 습관 여행'을 다녀온다.

누군가에게 감사하다고 느낄 때, 물질이 따라가야 한다. 마음이 가는 곳에 물질이 가는 것이다. 감사가 말로도 감사할 수 있지만, 감사는 말과 마음이 더해져야 한다. 감사하는 마음을 전하는 것도 물질이 더해져야만 진심으로 받을 수 있다. 말만으로는 누구나 감사할 수 있다. 그러나 진심이 있다면 물질도 함께하지 않겠는가?

'감사 습관 여행'은 감사의 고마움을 실천하기 위한 것이다. 감사하는 마음을 실천하기 위해 떠나는 여행이다. 고마운 분에게 시간과 물질로 베풀기 위해서 떠나는 것이다. 2배의 법칙을 실천하는 여행이다. 2배의 법칙은 성경의 법칙이다. 성경의 〈마태복음〉 5장 41, 42절에서 이렇게 말하고 있다.

"또 누구든지 너로 억지로 오 리를 가게 하거든 그 사람과 십 리를 동행하고, 내게 구하는 자에게 주며 네게 꾸고자 하는 자에게 거절하지 말라."

어떤 사람이 오 리를 함께 가달라고 부탁한다면 십 리를 동행하는 것이다. 밥을 사달라고 한다면 커피도 사주는 것이다. 2배의 법칙은 상대가 기대한 만큼 주는 것이 아니라 생각지도 못한 것을, 기대한 것 이상으로 2배 이상 주는 것이다. 상대는 2배 이상 받게 되면 감동하게 된다. 진심으로 감사하는 마음을 가지게 된다. 아내는 항상 2배의 법칙으로 살고 있다. 내가 아내를 존경하는 이유다.

아내의 고향은 충청남도 서천이다. 서천에서 여섯 명의 딸 중에 막내로 태어나 사랑과 귀여움을 독차지하고 자랐다. 아내의 고향인 서천에는 넷째 언니가 살고 있다. 아내는 중학교가 이십 리, 즉 8km 거리에 있었는데 매번 넷째 언니가 꼭두새벽에 일어나 새벽밥을 지어서 주었다고 한다. 비가 와서 운동화가 젖었을 때는 아궁이 앞에서 운동화를 말려주었다면서 넷째 언니로부터 도움을 받았던 것을 자주 말하고는 했다. 항상 고맙게 여기며 감사한 마음을 가지고 있던 분이다.

넷째 언니의 형부가 코로나19 후유증으로 돌아가셨다. 형부의 장례 때에도 들어온 부조금 중에 아내가 낸 부조금이 가장 많은 금액이었다고 한다. 항상 상대방이 기대한 것 이상으로 표현하기 때문에 가족들이나 주변 분들을 감동하게 만든다. 감동할 뿐 아니라 감격해서 감사가 저절로 나오게 한다. 사람의 마음을 얻는 것은 일반적인 원칙이 아니라 2배의 법칙을 적용하고 실천할 때 가능하다는 것을 자주 눈으로 확인한다.

또 서천에는 아내의 이종사촌이 살고 있다. 그녀는 베테랑 문화

관광해설사다. 17년 이상의 경력을 보유한 나연옥 해설사는 우리가 서천을 방문할 때마다 시간을 내서 서천의 주요 관광지를 안내해준다. 우리 두 사람을 안내하면서도 50명이 앞에 있는 것처럼 정말 정성을 다해서 설명해준다. 해설사의 설명을 들으며 관광하는 것과 그냥 관광하는 것은 하늘과 땅 차이라는 것을 알게 되었다. 흐트러짐이 없는 반듯한 자세와 군더더기 없는 언변은 그녀의 전문성에 감탄하지 않을 수 없게 만든다.

상대의 가치를 알고 나의 가치를 안다면 이모와 이모부에게 설명해주는 것이지만, 공짜로 안내받는 것은 아니라는 생각이 들었다. 남의 귀한 시간을 우리가 빼앗은 것이다. 그에 맞는 상응하는 대가를 지급해야 한다. 공짜 심리가 있는 것은 상대의 가치도 모르는 것이고 감사도 모르는 것이다. 아내는 최선을 다해서 항상 생각지도 못하는 답례로 마음을 전한다.

아내와 이종사촌인 그녀는 이모와 조카 사이로 아내가 한 살이 많다. 겨우 한 살 차이인데도 한 살 위 이모를 위해 초등학교 때부터 여러 가지로 도움을 주었다고 한다. 아내가 축의금을 내는 데도 이 원칙을 적용한다. 이런 원칙은 사람의 마음을 움직인다.

이번 '감사 습관 여행'은 손녀딸과 함께 떠났다. 손녀딸은 7세다. 서천까지 자동차로 2시간이 걸리지만, 기꺼이 함께 가겠다고 선택했다.

"지난번 우리 집에 오셨던 할머니 집에 가는데 한별이도 같이 갈까?" 했더니 "네, 같이 갈래요. 얼마 전에 할아버지가 돌아가셨잖아요. 저도 가고 싶어요"라고 말했다. 힘들면 휴게소마다 쉬면서 천천히 내려간다는 마음으로 부담 없이 출발했다. 첫 번째 휴게소에 들려서 아이스크림을 먹었다. 더운 날씨이지만 한별이는 아이스크림 하나만으로도 행복해했다. 우리는 한별이가 아이스크림을 먹으며 행복해하는 모습을 보는 것만으로도 행복하고 감사했다.

다음 휴게소까지 피곤해서 10분 동안 잠을 자고 출발했다. 잠시 쉬는 동안에도 한별이는 '난 졸리지 않으니까 안 잘래요'라며 나와 외할머니를 번갈아가며 어깨도 주물러주면서 챙겨주었다.

3시간 넘어서 서천집에 도착했다. 한별이는 처음 보는 할머니를 거리낌 없이 대했다. 일생 농부의 아내였던 75세 된 할머니의 얼굴이나 주름도 개의치 않는다. 할머니의 마음을 아는 듯이 달려가서 품에 안긴다. 그리고 돌아가신 할아버지가 누구냐며 벽에 걸린 액자 안의 가족사진을 보며 할아버지를 찾았다. 한별이는 정말로 수행비서처럼 두 손을 가지런히 모으고 공손한 태도로 할머니를 응대했다. 옆에 흩어져 있는 세수수건을 보더니 고사리 같은 손으로 차곡차곡 예쁘게 개어 놓았다. 마지막 인사를 할 때도 꼭 안아드리면서 볼에 뽀뽀를 해드렸다. 그런 한별이의 모습이 천사처럼 아름답게 보였다.

나는 이런 여행이 참으로 좋다. 이 과정에서 배우면서 감사할 것이 너무 많다. '감사 습관 여행'은 우리의 행복 여행이다. 물론 물질과 시간과 에너지가 들어간다. 그렇지만 그 가운데서 얻는 것이 더욱 많다.

한별이는 내가 만난 모든 사람 중에 공감 능력이 가장 탁월한 아이이다. 한 가지 상황을 말하면 보이지 않는 것까지도 읽어내는 능력이 있다. 순수하고도 티 없이 맑고 배려심 많은 따뜻한 한별이와 함께할 수 있는 것이 나에게는 기쁨이고 행복이자 감사다.

감사가 습관이 되면 우리의 삶은 완전히 바뀐다. 감사하는 습관이란 완료형이 아니라 현재진행형이다. 감사하는 습관은 일회성이 아니라 반복적이고 지속적인 것의 결과다. 감사하는 마음이 습관이 된 것은 감사하는 마음이 자동으로 저절로 적시고 흘러넘쳐서 제2의 본성이 된 것이다.

정확히 말하자면 감사는 연습이 없다. 다만 실전이 있을 뿐이다. 인생이 연습이 없듯이 감사도 실습이 없이 바로 실제 생활에서 부딪혀서 배운다. 이제는 감사 모의고사를 보지 말고 감사하는 생활에 도전을 외치자! 감사의 삶에 실패와 시행착오는 있을 수 있다. 개인적으로 감사 연습을 하지 말고 감사에 도전장을 내밀고 행동해보자!

감사하는 순간이 모여 감사하는 시간이 되고 감사하는 날이 되고 감사하는 일생이 되고 감사하는 삶이 되고 감사하는 인생이 된다.

감사하는 삶은 행복을 가져온다.

우울한 마음도
습관이다

"만일 의식적으로 좋은 습관을 형성하려고 노력하지 않으면 자신도 모르는
사이에 좋지 못한 습관을 지니게 된다."

– 디오도어 루빈 –

나는 어릴 적에 하도 많이 울어서 별명이 울보였다. 삼촌은 내 이
름에 맞춰 이런 노래를 부르면서 나를 놀리곤 했다. '울 밑에선 봉선
화야! 네 모양이 처량하다.' 삼촌은 내가 다리 밑에서 주워온 애라고
놀렸다.

여기에서도 알 수 있듯 내 이름은 김봉선이다. 여자 이름 같은데
다 '봉선화'꽃에 빗대어 아이들이 놀리기 딱 좋은 이름이다. '봉' 자
가 들어간 이름은 별명을 짓기도 쉽다. '봉구', '봉팔이', '봉지', '봉
투', '봉이 김선달'까지, 다양한 별명들을 가져다 붙일 수 있다. 봉선
화의 꽃말은 '나를 건드리지 마세요'다. 꽃말처럼 나를 건드리지 않
았으면 좋겠는데…, 나를 건드리는 사람이 많았다.

초등학교 때의 일이다. 매 학기 초 출석을 부를 때마다 아이들은 웃었다. "남자 이름이 여자 이름 같아 웃긴다. 하하하!" 그럴 때마다 나는 어머니에게 왜 내 이름을 여자 이름처럼 지었냐고 따져 물었다. 그러면 어머니는 훌륭한 분들의 이름에는 여자 이름이 많다고 하시며 나를 달래셨다. 유명한 작명가가 직접 지어준 이름이라고 하시면서….

나는 부끄러움도 많이 타는 편이다. 초등학교 때 아이들은 돈만 생기면 문방구로 달려갔다. 그러곤 딱지도 사고 뽑기도 뽑고 구슬도 사고 맛있는 것도 사 먹고 만화책도 봤다. 그런데 나는 돈이 생겨도 쓸 줄을 몰랐다. 왜냐하면, 돈을 가지고 뭘 산다는 행위 자체가 너무나 부끄러워서 주머니 속 동전만 만지작거렸기 때문이다. 그러느라 정작 원하는 물건을 사본 기억이 없다. 아이들과 놀고 싶어도 부끄러워서 놀자고 말도 하지 못했다.

울보에다 부끄러움을 많이 타던 내가 어떻게 사람들 앞에 설 수 있게 되었을까? 나는 성격과 기질상 태생적으로 다른 사람 앞에 서는 것마저도 할 수 없는 사람인데 말이다.

모든 것은 선택이다. 우울을 선택하는 것도 '나'이고 기쁨을 선택하는 것도 '나'다. 내가 선택한 것이 내가 된다. 어떤 것을 선택하는 것에 따라 나의 삶이 바뀐다.

습관이라고 할 때 대부분 행동에 대한 습관을 생각했다. 그러나 일찍 일어나는 습관, 게으른 습관, 책 읽는 습관, 운동하는 습관 등 외적인 행동만이 아니라 감정도 습관이 된다. 우울한 마음, 우울한 감정도 습관이 된다. 습관은 강력한 힘을 가지고 있다. 디오도어 루빈(Theodore Isaac Rubin)의 말처럼 의식적으로 좋은 습관을 형성하려고 노력하지 않으면 자신도 모르는 사이에 좋지 못한 습관을 지니게 된다. 우리는 적극적으로 좋은 감정의 습관을 형성하는 것이 필요하다. 행복도 습관화시킬 수 있고 기쁨도 습관화시킬 수 있다. 그리고 감사도 습관화시킬 수가 있다.

나는 17년 동안 '웃음치료 전문가'로 활동해왔다. 그래서인지 웃음이 얼마나 중요한지를 알고 있다. 저명한 정신 치료학자인 노벨화학상 수상자인 라이너스 폴링(Linus Pauling) 박사는 긍정적인 에너지는 근육을 강화시키고 부정적인 에너지는 근육의 힘을 현저히 약화시킨다는 운동역학의 원리를 발표했다. 그는 20년간 수백만 번의 임상실험을 진행한 결과 인간의 의식 수준에서 나오는 에너지장의 빛을 1룩스에서 1,000룩스까지의 수치로 측정하는 데 성공했다.

그는 인간의 의식 수준을 총 17단계로 나누고 있다. 각각의 단계에는 의식 수준과 감정과 행동에 해당되는 단어가 있다. 15단계에서는 540룩스, 의식 수준은 기쁨이다. 감정은 감사이고 행동은 축복으로 나타난다. 기쁨과 감사와 축복은 같은 파장인 것을 볼 수 있다.

기쁨은 감사와 하나이고 감사할 때 축복을 받는다. 감사는 인생을 송두리째 바꾸어놓는다. 핵폭탄 같은 엄청난 위력을 지닌 것이 감사이다. 웃음과 감사는 하나다. 결국 웃는 만큼 감사하고 감사한 만큼 행복한 결과를 가져온다. 인도의 간디는 '감사의 양이 행복의 양이다'라고 말한다.

당신이 지금 행복에 빠져 있다면 그 안에는 기쁨도 함께 들어 있다. 기쁨만 있는 것이 아니라 감사도 함께 들어 있다. 행복은 항상 기쁨과 감사와 함께 다닌다. 행복은 추상적이지 않다. 행복은 아주 구체적이고 실체적이다. 행복은 당신을 행동하게 하고 움직이게 한다. 얼굴에 미소가 피어있다. 얼굴 근육이 함께 움직이며 얼굴에 웃음꽃이 핀다. 행복을 느끼는 순간 당신의 입에서는 감사가 흘러나온다. 행동하면 행복하다. 행동하면 행복이 온다. 손에, 입에, 눈에, 얼굴에, 온몸으로 행복을 표현하게 된다.

12시간 근무를 하고 저녁 늦게 돌아오는 퇴근길이었다. 직장에서 서둘러 나오다 보니 지갑을 가져오지 않았다는 것이 생각났다. 그렇다고 다시 돌아갈 수도 없고 우선 갈 수 있는 곳은 기흥역까지다. '감사하다. 그래도 직원 패스는 가져와서 기흥역까지라도 갈 수 있다는 것이 어디인가!' 기흥역은 집에서 4km 정도 떨어진 역이다. 오늘은 가방에 책이 들어 있어 가방의 무게만 20kg이 넘는다. 밤이지만 아직은 기온이 30도를 오르내리고 있었다.

감사하는 마음이 들었다. 평상시에는 자주 운동하기 위해 걷는 코스이다. 걸어갈 만하다. 재미있을 것 같다고 생각하니 힘이 났다. '오늘은 잠이 잘 오겠다.' 한 걸음 한 걸음 걷고 뛰면서 옆에 버스와 경주도 하고 보도블록의 선을 밟지 않고 가는 게임도 하면서 집을 향했다. 가방이 조금은 짐스럽게 느껴졌다. 조금 무겁다. 하지만 마음은 가볍고 신이 났다. '어차피 가는 길이라면 기분 좋게 가자.' 걸어가면서 오히려 머리가 맑아졌다. 며칠 동안 고민해도 생각이 잘 나지 않았던 것들이 생각났다. 그것도 한두 가지가 아니고 동시에 여러 가지가 한꺼번에 정리가 되었다. 책상에 앉아서 머리를 싸매고 고민해도 해결되지 않았던 것들이 이렇게 쉽게 해결되다니! 또 감사가 저절로 나왔다. "감사합니다. 감사합니다."

집에 거의 도착할 무렵 집에서 전화가 왔다. 어디쯤 오고 있냐고 물어보는 아내의 전화였다. 집에 도착하니 한별이가 와 있었다. 신발을 벗고 들어서는데 한별이가 밝은 얼굴로 뛰어오며 "나 지금 혀니가 기도하는 소리 다 들었어" 했다. 혀니는 나를 부르는 한별이만의 애칭이다. 강아지처럼 펄쩍펄쩍 뛰며 반겨 준다. 한별이는 20kg나 되는 가방을 문 앞에서 받아 들어준다. 가방을 열더니 가방의 책들을 책상 위에 한 권씩 올려놓으면서 정리해준다. "한별아! 왜 이렇게 무거운 가방을 들어주었어?" 한별이가 대답했다. "오늘 혀니는 일을 많이 했잖아! 그래서 내가 도와주는 거야!" 한별이는 레몬차를 준비하겠다며 "따뜻하게 할까요? 시원하게 할까요?"라고 묻는다. 한별이는 평소에 내가 무엇을 좋아하는지 잘 알고 있다. 운동 후에 레몬차를 잘 마신다는 것을 기억하고 물어보는 것이다. 노트를 정리하고 있는데 옆에 와서 자기도 정리해야 한다며 노트 한 권을 가지고 오더니 무언가를 계속 적고 있다. 아직은 글씨를 잘 몰라 그리는 수준인데도 한별이의 태도는 진지하다. 나와 함께 하고 싶은 한별이의 마음이 만져진다. 한별이는 항상 상대방의 마음을 읽어낸다.

감사하는 마음으로 감사 습관을 생활화하면서 가장 많이 변한 사람이 나와 한별이다. 내가 감사일기를 쓴다고 하니 한별이는 감사 그림일기를 쓰겠다고 한다. 혀니가 하는 것을 따라 하고 싶다고 해서 시작된 그림일기는 지금도 쓰고 있다. 한별이의 한마디, 한마디는 나에게 신세계를 접하는 것 같은 새로운 감동을 준다.

나는 웃음을 선택하고 감사를 선택하고 난 후부터 적극적으로 변했다. 사람을 대하는 데도 자신감이 생겼다. 사람들을 위해 좋은 일을 하고 싶다는 생각이 들었다. 웃음치료사가 된 것도, 미술 심리 상담사가 된 것도, 사회복지사가 된 것도, 숲해설가가 된 것도 모두 사람들을 돕고 그들을 위해, 그들과 함께, 무언가 하고 싶어서였다

나는 변화된 나를 위해 호를 지었다. '웃보'다. 전에는 '울보'였던 내가 이제는 '웃보'가 되었다. '웃보'는 '웃음 보물', '웃음 보석', '웃음 보배', '웃음보따리'라는 뜻이다. 이제 나는 더 이상 '울보'가 아니다. '웃보'로서 사람들에게 웃음을 전파하고 웃음을 나누는 사람이다. 이제 나는 감사하는 마음을 실천하고 사는 감사행동가다. 우울한 마음을 선택하는 것이 습관이듯이 감사하는 마음을 선택하는 것

도 습관이다. 나는 소중하고 귀중한 존재다. 내 속을 무엇으로 채울 것인가? 나의 선택은 감사와 기쁨이며 결과는 행복이다.

나는 오늘도 감사와 기쁨과 행복을 습관으로 선택한다. 이 습관이 파도처럼 번져서 나를 알고 나를 만나는 많은 사람도 기쁨과 행복을 선택해서 행복해졌으면 좋겠다.

2장

관점을 바꾸면
저절로 감사가 보인다

관점을 바꾸면
저절로 감사가 보인다

어느 날 아내와 함께 산책하다가 아파트 입구에 있는 정원에 아름다운 무늬가 있는 큰 돌 하나가 눈에 띄었다. "어? 이 돌이 언제부터 있었지?" 아내는 기가 막힌다는 듯이 어이없어하며 처음부터 돌벽 무늬로 박혀 있었던 돌이었다고 말한다. 신기하다. 왜 나는 그동안 한 번도 보지 못한 걸까?' 벌써 이사 온 지 4년이 넘었는데 이제야 그 돌이 보였다. 참 예쁘고 정교하게 조각된 돌이었다. 매일 이 길을 지나다녔는데 왜 보지 못했을까? 문득 '그러면 아직도 내가 보지 못한 것이, 인지하지 못한 것이, 의식하지도 못한 것이, 알아차리지 못한 것이 수없이 존재하고 있겠구나'라는 생각이 들었다.

어떤 것이 보인다는 것은 얼마나 감사한 일인지!

관점을 바꾼다는 것은 여러 가지 의미에서 관점에 대한 해석이 다를 수 있다. 바닥에서 보는 것과 위에서 보는 것은 전혀 다른 관점이다. 눈을 감고 보는 것과 눈을 뜨고 보는 것도 다른 관점을 가진다.

시력이 안 좋은 사람과 시력이 좋은 사람도 관점의 차이가 있다. 안경을 쓰고 보는 사람과 3D 안경을 쓰고 보는 사람과 색안경을 쓰고 보는 사람 모두 보는 관점이 다 다르다. 내면에서 의식의 변화가 있는 사람과 없는 사람도 관점의 차이가 있다. 똑같은 사람도 그 사람의 위치와 상황이 달라지면 다른 관점을 가질 수 있다.

나는 10년 전에 책 읽기에 미쳐서 하루에 한 권씩 읽은 적이 있다. 책을 많이 읽을수록 책을 쓸 수 있겠다는 생각이 들었기 때문이다. 하지만 마음으로 생각만 했지, 실천으로 옮기지는 못했다. 시간이 지나니 책을 쓴다는 생각은 점점 사라졌다.

지난 몇 달 동안 나에게는 믿을 수 없는 변화가 일어났다. 몇 달 전부터 책이 눈에 보이기 시작하면서 책을 다시 읽게 되었다. 내 안에서 소용돌이가 일어났다. 10년 전과 같이 책은 다시 한번 나를 사로잡았다. 책의 매력에 흠뻑 빠져 있을 때 나의 삶을 바꿔준 인생 책을 만났다. 바로 김태광 작가님의 《마흔, 당신의 책을 써라》였다. 3년 전에 사두었던 책이었다. 읽지는 않고 그대로 책꽂이에 꽂아 두었다. 갑자기 이 책이 눈에 들어왔다. 나는 위대한 발견이나 한 것처럼 가슴이 설레고 흥분되었다. 떨리는 마음으로 이 책을 단숨에 읽어 내려갔다. 읽으면 읽을수록 나에게는 확신이 생겼다. 이 책은 잊고 있었던 나의 꿈을 떠올려주었다.

'나는 나의 책을 쓴다. 나의 책을 쓴다. 반드시 나의 책을 100권

이상 쓴다.'

　10년 전에 확언하고 기록한 버킷리스트가 생각났다. 이 책을 읽으며 정말 감사하고 고마운 마음에 메모를 써두었다.

　'바로 옆에 서서 제게 큰 소리로 온 힘을 다해 강력한 에너지를 보내시는 것을 느낄 수 있었다.'

　이 책에서는 이렇게 말하고 있다.

"책은 누구나 쓸 수 있다. 책을 쓰겠다는 확고한 결단과 끝까지 포기하지 않고 원고를 쓰겠다는 강한 인내심과 내가 쓴 원고가 책으로 출간되리라는 확신만 있으면 된다. 사람들에게는 저마다 고유한 콘텐츠가 있다. 그러므로 책을 쓰는 스킬만 익히면 얼마든지 책을 쓸 수 있다. 글을 잘 쓸 수 있는 비결은 징징대지 않고 일단 쓰는 것이다. 책을 꾸준히 읽고 꾸준히 쓰면 반드시 필력이 늘게 되어 있다. 자신이 평범하다고 생각한다면 당신은 무조건 책을 써야 한다."

　이 문장을 읽고 나는 지극히 평범한 사람이니까 무조건 책을 써야 한다고 생각했다. 책을 쓰는 것은 나에게 선택의 문제가 아니라 필수다. 내가 선택할 수 있는 유일한 길은 책을 쓰는 것이다.

　'나는 무조건 책을 쓴다. 책을 쓰지 않곤 다른 길이 없다. 오직 이 길밖에 없다. 주저하거나 머뭇거릴 시간이 나에게는 없다. 그냥 앞만 보고 걸어가자. 무조건이다.'

김태광 작가님에게 감사한 마음을 담은 장문의 편지를 썼다. 그날은 얼마나 행복하던지 노트 13페이지를 쓰고 27가지 감사의 내용을 기록했다. 그 후로 감사에 관한 책들을 찾아서 계속해서 읽게 되었다. 드디어 임계점을 돌파하는 체험을 했다. 책을 읽으면서 임계점을 돌파하는 체험을 하고 싶었지만 한 번도 그런 적이 없었다. 끓다가 만 주전자의 물같이 매번 좌절을 맛봤다.

하지만 그날은 '내 안에서 생각의 샘물이 걷잡을 수 없이 솟아오르는 것을 느꼈다. 끊임없이 생각의 샘이 하늘로 솟구쳐 오르는 것 같았다.' 이날의 체험은 모든 면에 자신감을 가지게 했다. 그 자신감으로 용기를 내어 다음 날 김태광 작가님에게 문자메시지를 보냈다. 잘난척하는 엉뚱한 내용이었다. 저작권 문제로 상의하고 싶다는 문자메시지였는데, 보기 좋게 거절의 문자메시지를 받게 되었다.

그러나 간절함이 통했는지 며칠 후에 〈한책협〉에서 전화가 왔다. 김태광 작가님과 일대일 미팅 기회가 주어졌다는 것이다. 기적 같은 일이 일어났다. 원래 만나기로 한 사람은 내가 아니라 다른 사람이었다. 그러나 스텝의 실수로 나에게 전화가 연결되었고 운명적인 만남이 이루어졌다. 이 만남으로 인해 나는 드디어 책을 쓰는 데 도전하게 되었다.

책 읽기를 본격적으로 시작해 김태광 작가님을 만나기까지 10년이 걸렸다. 10년 전에 만났으면 좋았겠지만, 후회는 무의미하다. 이제는 시간을 단축해야 한다. 그러기 위해서는 전문가를 만나야 한다. 더 이상 시행착오나 실패를 원하지 않는다. 김태광 작가님과 같은 최고의 전문가를 만난 것은 축복이다.

나는 성공한 사람이 책을 쓴다고 생각했다. 그러나 김태광 작가님, 김 대표님이 구호처럼 사용하는 말이 있다. 그것은 바로 "성공해서 책을 쓰는 것이 아니라 책을 써서 성공한다"라는 것이다. 나의 관념과 관점을 완전히 뒤집는 것이다. 10년 전 버킷리스트에 책을 쓰겠다는 확언도 해봤지만 결국 실천하지는 못했다. 두려움과 의심이 결국 나의 발목을 잡았다. 내 주제에 무슨 책을 쓴다고, 책을 읽는 것으로 만족하고 자포자기했던 것 같다. 그러나 김 대표님을 만나고 난 후 관점을 조금 바꾸기만 했는데 목표가 생기고 할 수 있다는 희망이 생겼다. 얼마나 감사한 일인가? 시작할 엄두가 나지 않았는데 감사하게도 할 수 있다는 용기가 생겼다.

〈한책협〉에서 배운 성공하는 법칙과 나는 그동안 반대로 하고 있었다는 것을 깨달았다. 내가 하는 모든 방식과 습관은 성공하는 법칙과 거꾸로 생각하고 행동하고 있었다.

기도조차도 반드시 이루어지는 기도하는 법칙을 모르고 기도했다. 성공적인 기도는 애원하거나 간청하는 것이 아니다. '이미 이루어진 것처럼 믿고' 기도하는 것이다. 이 기도는 감사기도다. 성공적인 기도는 이미 이루어진 것처럼 믿고 감사하는 기도다.

"풍요가 넘치게 되었습니다. 감사합니다. 병이 다 깨끗이 나았습니다. 감사합니다."

우리는 구하는 순간 이미 받았다는 확신과 믿음을 가지면 된다. 이미 기도할 때 이루어질 것을 믿고 기도했기 때문에 우리가 해야 할 것은 감사하는 것뿐이다. 이미 결과를 얻었기에 감사함으로 받으면 된다.

〈한책협〉 책 쓰기 과정 중에 글을 쓴 것을 김 대표님에게 보내면 직접 원고 첨삭을 통해 배우는 '원고 첨삭 과정'이 있다. 첨삭된 원고를 받아볼 때마다 느낀 감정이지만 첨삭 과정이 끝나가는 네 번째 첨삭된 원고를 읽으면서 나는 하염없이 눈물을 흘렸다. 가슴이 뭉클했다. 가슴이 미어지는 듯 거센 감동이 밀려왔다. 감격이다! 이 작은 문장에서 김 대표님의 마음이 만져졌다. 사랑이 만져졌다. 빨간펜으로 첨삭된 정성 어린 한 글자, 한 글자에서 나에 대한 애정과 기대가 만져지면서 자꾸만 눈물이 났다. 아버지의 마음이 만져졌다. 아버지의 사랑이 빨간색으로 나타나고 있었다. 그 안에 사랑이 가득한 것을 깨달았다. 한 줄, 한 줄이 마음을 다해 힘을 다해 정성을 다해 첨삭해주신 것임을 깨달았다. 나보다 내 속을 더 잘 안다는 듯 내가 표현하고자 하는 것보다 더 멋지게 표현된 낱말 한 글자, 한 글자가 꼭 마술사가 마법을 부린 듯 멋진 문장으로 재탄생되어 있었다. 이 시대의 베스트셀러 작가로 당연히 잘 쓰시겠지 하며 첨삭된 내용을 무심히 생각하려 했던 나는 김태광 대표님의 섬세함과 진지함 그리고 문장에서 만져졌던 따뜻한 애정에 감사가 저절로 나왔다.

"감사합니다. 김태광 대표님! 많은 것을 배우고 깨닫게 되었습니다. 감사합니다."

관점을 바꾸면 시작 지점에서 시작하는 것이 아니라 끝에서 시작하는 것이다. 목적을 생각하는 것이 아니라, 목적에서 시작하는 것이다. 힘쓰고 애써서 구하는 것이 아니라, 구한 것은 이미 받은 것으로 믿고 힘들이지 않고 애쓰지 않고 다만 감사하는 것이다. 이미 이루어진 것에 대해서는 오직 감사만이 있을 뿐이다.

관점을 바꾸면 모든 것이 저절로 감사가 보인다.

눈 뜨는 순간부터
감사하자

새벽에 일찍 일어나는 습관이 생겼다. 맞춰놓은 알람 시간보다 항상 먼저 눈이 떠졌다. 이것은 내 인생에서 한 번도 해보지 않았던 새로운 도전이었다. 나는 알람 소리를 듣고 강제로 일어나는 것이 아니라, 잠재의식에 주문을 걸어 일어나는 훈련을 했다. 훈련을 시작한 지 한 달 정도 지나고 나니 새벽에 일찍 눈이 떠지기 시작했다. 새벽에 일어나 명상하거나 감사일기를 쓰거나 책을 읽었다.

새벽에 책을 읽으면서 전에는 없던 변화들이 생겼다. 책을 읽는 속도도 빨라졌다. 감사일기를 쓰기 시작했고, 책을 읽으면서 깨달은 점과 떠오르는 영감들을 기록하게 되었다. 다른 사람을 도우려는 마음을 가지면서 내 문제는 아무것도 아닌 것으로 여겨졌다.

어느 날부터인가 새벽이 기다려졌다. 잠을 자기 위해 누울 때부터 설레기 시작했다. 내일 새벽은 어떤 책을 읽고, 어떤 깨달음을 얻을까 기대하면서 잠이 들었다. 새벽 시간은 다른 때의 몇 시간보다 더

효율적이고 능률이 있었다. 정신도 청명했다. 많은 아이디어와 영감이 떠올랐다.

할 엘로드의 《미라클 모닝》을 읽고는 기적의 새벽 시간을 더 알차게 보낼 수 있었다. 침묵을 통한 명상과 큰 소리로 스스로 다짐하는 확언을 하게 되었다. 행동과 결과를 상상해 그리는 시각화와 몸과 마음의 균형을 맞추는 운동과 지식을 읽어내는 독서와 시각화한 내용을 손으로 기록하는 모든 루틴을 지속하게 되었다. 이 루틴을 계속하면서 새벽에 이런 귀한 시간을 가질 수 있는 것이 얼마나 행복한지 깨닫게 되었다.

새벽에 기록하는 내용은 거의 감사하는 내용으로, 감사일기를 쓰는 시간이 되었다. 눈을 뜨는 순간부터 감사하는 것으로 시작한다. 아침에 일어나서 2~3시간과 잠자기 전 1시간이 우리의 인생을 좌우한다. 새벽 5시에서 8시까지는 시간을 버는 시간대라고 말할 수 있다. 뇌세포가 가장 활성화되는 이른 아침의 1시간은 낮이나 밤의 3시간과 맞먹는다. 많은 영감과 아이디어가 이 시간에 얻을 수 있다. 자기 직전에 내일 해야 할 일을 정리하고 감사일기로 하루를 마무리한다. 새벽에 일어나면 어제의 느낌이 그대로 살아 있다.

하루 24시간 중에 감사하는 시간이 얼마나 될까? 과연 하루에 감사하는 마음으로 얼마나 살 수 있을까? 몇 번이나 '감사합니다'라는 말을 사용할까?

고이케 히로시(小池 浩)의 《2억 빚을 진 내게 우주님이 가르쳐준 운이 풀리는 말버릇》에 보면 하루에 '감사합니다'를 5만 번 말하는 것이 나온다. 어떤 책에 '감사합니다'를 5만 번 말하면 인생이 바뀐다고 말하는 것을 주인공은 처음에는 믿지 않았지만 한 번 시도해봤다. 온종일 중얼거렸다. 주인공은 하루에 7,000번까지 '감사합니다'를 말해봤다.

우주로 보내는 주문이 잘 통하게 하려면 먼저 지금까지 부정적으로 말했던 것에 '감사합니다'를 외쳐야 한다. '감사합니다'라는 말에는 몸과 마음에 쌓여 있던 부정적인 에너지를 긍정적인 에너지로 바꾸는 힘이 있다. '감사합니다'라는 말을 통해서 우주 파이프를 깨끗하게 만들고 여기에 사랑을 더해서 '사랑합니다'라는 말을 통해서 잠재의식과 현재 의식이 서로 화해하는 것이다. 그럴 때 우주에 주문한 내용이 우주에 도달하는 힘이 6만 배로 증가한다고 한다.

나도 한번 똑같이 적용해보고 싶어졌다. '감사합니다'라는 우주 파이프를 청소하는 '뚫어뻥'이고 '사랑합니다'라는 잠재의식과 현재 의식을 화해시켜주는 '사랑의 큐피드 화살'이다.

처음에는 주문처럼 '감사합니다', '사랑합니다'을 말해봤다. 한 걸음은 '감사합니다', 다른 걸음은 '사랑합니다'라고 했다. 한 걸음은 '매직'이고 한 걸음은 '파워'다. 감사와 사랑의 무기를 하나씩 장착하고 나가는 전사 같다. '감사합니다'라고 말할 때마다 이제는 내 안을 포함해서 우주 파이프를 청소해주는 뚫어뻥을 사용한다.

이제는 한 걸음을 내딛는 것도 재미있다. 한 발을 내디딜 때마다 우주 파이프가 청소되어 뚫어지는 느낌이 든다. 부정적이고 소극적인 에너지를 말한 만큼 중화시키는 '감사합니다'를 말해야 한다. '사랑합니다'라고 말할 때 나의 잠재의식과 현재 의식이 서로를 이해하고 화해할 수 있다.

점점 깨끗해진 우주 파이프로 6만 배 더 강화된 주문의 힘이 우주에 도달하는 마음으로 걷는다. 발걸음이 가볍고 재미있을 뿐 아니라 한 걸음, 한 걸음이 의미가 있다.

감사와 사랑은 한 쌍의 부부 같다. 감사와 사랑은 너무나 잘 어울린다. '감사, 사랑'은 한 쌍의 금실 좋은 부부 같다. 감사와 사랑이 하나의 세트가 되는 것이 더 좋아 보인다. 하루가 지루할 시간이 없다. 재미와 의미 있는 것들로 가득하게 된다.

감사게임을 하면서 즐겨보기로 했다. 모든 상황과 일을 게임을 하듯이 즐기며 지내봤다. 내 앞에 벌어지는 모든 상황을 적용해봤다.

눈을 뜨는 순간부터 마지막 잠들 때까지 하루의 삶을 가지고 감사게임을 적용해본다. 방식도 원칙도 없다. 내가 재미있게 느끼고 흥미가 있는 것을 원칙으로 하면 된다. '눈을 뜨자마자 감사로 시작했다.' 10점을 준다. '새벽에 일어나서 감사일기를 썼다.' 10점을 준다. 책을 읽으며 필사했다. 10점을 준다. 감사기도를 하고 식사했다. 10점을 준다. 음식이 조금 짜다고 반찬 투정을 했다. 마이너스 10점을 준다. 이런 식으로 행동 하나에 재미있게 점수를 부여했다. 샤워하면서 입으로 계속 '감사합니다', '사랑합니다'를 말해봤다. 양치하면서 '감사합니다, 사랑합니다' 옷을 갈아입으면서 '감사합니다, 사랑합니다' 가방을 챙기면서도 감사하는 마음을 함께 챙긴다. 아파트에서 버스 정류장까지 가는 동안, 한 걸음은 '감사합니다' 한 걸음은 '사랑합니다'라고 말한다. 버스 정류장에서 버스를 기다리는 데 버스가 도착할 때까지 '감사합니다, 사랑합니다'를 말한다.

버스 타고 전철로 갈아타는 시간까지 항상 변수가 많다. 차가 막히고 다음 전철 시간에 맞게 도착하기 어렵다. 그때 감사하는 생각으로 다시 바꿔본다. '사고가 나지 않고 전철역에 도착하는 것이 얼마나 다행인가!' '책을 보다가 지난번에는 한 정거장 더 갔는데 오늘은 정확히 지나치지 않고 하차하게 되어 감사합니다.' 전철역에서 계단을 한 칸, 한 칸 내려갈 때도 '감사합니다. 사랑합니다'라고 말한다.

'전철 안에서 수원역까지 20분 동안 책을 볼 수 있어 감사합니다.' '책을 통해서 새로운 영감과 아이디어가 떠오르게 된 것에 감사합니다.' '전철에서 자리에 앉게 되어 감사합니다.' '전철 안에서 자리가 없어 서서 갈 수 있게 하시면서 운동하게 하시니 감사합니다!'

직장에 도착할 때까지 '감사합니다, 사랑합니다'라고 수백 번을 말했다. 그런데 옷을 갈아입고 일하다 보면 입에서 '감사합니다, 사랑합니다'가 없어졌다는 것을 느낀다. 직원들과 대화하면서 어쩌다 보면 나도 모르게 부정적으로 말하고 비판하고 있는 자신을 발견한다. 순간순간 감사의 말이, 감사하는 마음이, 감사하는 태도가 사라지고 무뎌지는 것을 알아차린다.

알아차린다는 것은 좋은 신호다. 알아차리지 못하고 있을 때가 많다. 아침에 시작은 참 좋았는데 반나절도 못 가서 생각한 대로 계획한 대로 되지는 않는다. 사람에게는 감정의 기복이 크다는 것을 깨닫게 된다. 부정적인 생각은 갑자기 예고하고 찾아오는 것이 아니라, 불쑥 한 번 고개를 내밀면 참 쉽게 사라지지 않는다.

점수를 다 까먹었는데 이때 다시 회복하는 방법 중에 글을 쓰는 것이 있다. 생각이 계속해서 꼬리를 물고 나올 때 글을 쓰면서 생각을 정리하는 것이다. 글을 쓰다 보면 마음이 차분해지면서 자신을 객관적으로 볼 수 있다. 예전에는 이런 방법을 사용해본 적이 없었다. 책을 쓰면서 생긴 습관이다. 책을 읽은 사람과 글을 쓰는 사람은 아름답게 보인다. 인간이 할 수 있는 행위 중에 동물과 차별화된 것이 바로 글을 쓰는 것이다. 자신의 감정과 생각을 말로 할 때와 글로 표현할 때 완전 다른 뇌가 사용된다. 하루를 감사일기를 쓰면서 마무리한다. 하루를 정리하면서 부족함이 많았지만, 감사일기를 쓰면서 감사하는 마음으로 채울 수 있다는 것이 얼마나 감사한 일인가!

고작 몇 줄의 감사일기를 썼을 뿐인데 인생이 바뀌었다

10년 전부터 이상헌 작가님의 권유로 감사일기를 쓰기 시작했다. 《하루 5분 인생 수업》이라는 책을 읽고 책 내용 중 일부를 실천한 것을 메일로 보내드렸다. 그 후에 이상헌 작가님을 직접 만났다. 이상헌 작가님은 감사와 감동과 감격의 일기를 기록해보라고 권해주셨다. 감사일기가 나를 업그레이드시킬 것이라고 말씀해주셨다. 일기라는 그 말을 듣는 순간 나에게 선입견이 있다는 것을 알게 되었다. 초등학교 때의 기억이 떠올랐다.

그때는 "공부해라, 일기 써라" 이 말이 얼마나 듣기 싫었는지 모른다. 방학 때마다 일기를 쓰는 것이 숙제였다. 일기 쓰는 것이 익숙하지 않아서 무엇을 써야 할지도 몰랐다. 일기가 밀리면 한꺼번에 몰아 쓰느라 힘들었던 기억이 있었다. 그래서 그런지 일기라는 말은 왠지 숙제하는 느낌이 있다. 일기는 숙제고 나를 돌아보는 자기반성이다. 이것에 대해 관념을 깰 필요가 있었다.

나는 관념과 선입견을 깨기 위해 이렇게 선포했다. "이것은 그냥 일기가 아니고 감사일기다. 부정적인 관점에서 자신을 돌아보는 것이 아니라 긍정적이고 적극적으로 행복을 찾는 과정이다. 감사일기는 자기반성이 아니고 자기격려다. 감사일기는 과거지향적이 아니라 현재를 누리고 있는 것이고 지금, 이 순간을 누리는 것이다. 미래지향적인 것이다"라고 말하고 나니 한결 마음이 편해지고 일기에 대한 부담감이 가벼워졌다. 하루에 5가지를 적어보는 것으로 시작했다. 한 줄씩 감사일기를 기록했다.

사람의 뇌는 가만히 두면 부정적으로 생각이 흘러가게 되어 있다. 평소에는 인식하지 못했는데 내가 부정적인 생각으로 가득 차 있다는 것도 모르고 있었다. 하루에 사람은 5~6만 가지를 생각한다고 한다. 그중에서도 70~80% 이상이 부정적인 생각이라고 한다. 가만히 생각이 떠내려가게 방치하면 99%까지도 부정적인 생각을 가지고 갈 수 있다.

감사일기를 쓰기 전에는 내가 어떤 사람인지도 인지하지 못하고 깨닫고 있지도 못하는 상태였다. 나 자신이 부정적인 것으로 짜여 있고 그것에 의해 살고 있었던 시간이 많았다는 것을 전혀 몰랐다.

인생은 바람의 방향이 아니라 돛을 어떻게 세우느냐로 결정된다. 인생의 항로를 갈 때 돛을 바로 세우는 것은 자신의 몫이다. 내가 감사일기를 써야겠다고 뜻을 정하니 바람이 부는 것이 순풍인지 아닌

지도 알게 되었다. 쓰니까 알게 되었다. 쓰니까 보게 되었다.

죽은 나무토막은 물에 따라 떠내려가게 되어 있다. 하지만 살아 있는 물고기는 물에 떠내려가지 않는다. 아무리 큰 나무토막이라 할지라도 죽은 나무토막은 떠내려간다. 하지만 살아 있는 물고기는 아무리 작아도 물을 거슬러 올라갈 수 있다.

감사일기는 죽은 나무토막같이 부정적으로 떠내려가는 나를 살아 있는 물고기같이 물을 거슬러 올라가는 긍정적인 사람으로 만들어주었다. 감사하는 생각과 감사하는 것을 느끼고 체험하려고 했을 때 부정적인 것이 더 많이 있다는 것을 비로소 알게 되었다. 감사일기를 쓰려고 하니 그제야 깨닫게 되었다.

감사는 생각으로 표현할 수 있고 말로도 표현할 수 있고 마음으로도 표현할 수 있고 행동으로도 표현할 수 있다. 또한 더 적극적으로 감사는 글로 표현함으로 실행할 수 있고 실천할 수 있다. 생각으로 표현하는 것과 말로 표현하는 것과 마음으로 표현하는 것, 그리고 글로 표현하는 것이 다 달랐다. 글로 표현하는 것이 감사일기다. 감사일기는 글로 표현함으로써 감사하는 습관이 되게 만들어준다. 감사일기라고 해도 좋고 '감사노트', '감사메모', '마법의 메모' '감사 마법 노트'라고 표현해도 좋다. '감사 글쓰기'가 감사를 습관화시킬 수 있는 가장 좋은 방법이다.

경지에 올라간 사람들은 무엇이 다를까? 성공한 사람들은 무엇이 다를까?

성공한 사람들과 그렇지 않은 사람과의 차이점은 바로 언어가 다르다는 것이다. 사람이 어떤 언어를 사용하는지를 보면 그가 어떤 사람인지를 알 수 있다. 그가 사용하는 언어가 그 사람이기 때문이다. 언어를 바꾸면 그 사람에 대한 이미지도 바뀐다. 감사일기를 쓰면서 사용하는 언어가 바뀐다는 것을 알게 되었다. 부정의 언어, 불만의 언어, 불평의 언어, 짜증의 언어, 비교의 언어가 감사의 언어, 긍정의 언어, 행복의 언어, 기쁨의 언어, 소통의 언어로 바뀐다는 것을 깨닫게 되었다.

어느 날 손녀 한별이와 '파이프 패밀리 테마파크' 놀이공원에 놀러갔다. 거기에서 VR 체험을 하게 되었다. 준비된 안경을 쓰고 바라보는 세상은 완전히 다른 세상이었다. 진짜로 그 안에 있는 것처럼 점점 빨려 들어갔다. 나는 무서울 정도로 실감이 났다. 그러나 한별이는 너무도 좋아하고 재미있어 했다. 이 안경 하나가 똑같은 세상을 완전히 다른 세상으로 안내해주었다. 마치 마법의 세상에 들어온 것 같았다.

감사의 안경을 쓰고 보는 세상은 완전히 달라진다. 감사하는 눈으로 삶을 보면 상황이 다르게 인식된다. 삶을 표현하는 단어들이 변하게 된다. 원망과 고통, 어려움, 절망이 감사, 희망, 긍정이라는 단어로 바뀐다. 기적은 이렇게 시작된다. 평범한 일상들이 감사의 눈으로 들여다보니 수많은 축복으로 다가온다. 기적의 삶을 사는 것이다. 평범했던 나의 일상이 기적이 되는 것이다. 평범한 나의 존재가 기적과 같은 존재가 되고 늘 누렸던 하루가 소중한 시간이 된다. 환경이나 세상이 바뀐 것이 아니라, 다만 세상을 보는 나의 관점이 바뀐 것이다.

내가 어떤 안경을 쓰느냐에 달려 있다. 내가 어떤 렌즈를 착용하고 있느냐에 따라서 달라진다. 요새는 렌즈가 너무도 좋아지고 다양해졌다. 3D 안경으로 세상을 보면 세상은 입체적인 세상으로 바뀐다. 감사 렌즈를 착용해보자. 세상이 이제 다른 세상으로 바뀐다.

기록한다는 것은 생각한다는 것이다. 사고하는 것이다. 기억한다는 것이다. 인식한다는 것이다. 알아차리는 것이다. 깨닫는 것이다. 창조하는 것이다. 배우는 것이다. 시각화하는 것이다. 실행하는 것이다. 체험하는 것이다. 감사에 대한 기록은 인생의 기록이고 역사가 된다. 이제 감사의 렌즈와 눈으로 보게 되니 새로운 역사를 기록하게 된다.

감사 렌즈를 쓰니 감사일기가 써진다. 신기하다. 그럴 뿐만 아니라 감사일기를 쓰니까 생각이 바뀌고 말이 바뀌고 관점이 바뀌기 시작했다. 감사일기를 쓰지 않았을 때는 느끼지 못했던 것을, 인식하지 못했던 것을 깨달아지고 알아차리게 되었다.

한별이와 엘리베이터를 탈 때마다 하는 놀이가 있다. 함께 마법의 주문을 외치는데 그것은 "열려라! 참깨!"다. 문이 열리려고 할 때, 함께 "열려라! 참깨!"를 외친다. 한별이에게는 모든 문이 "열려라! 참깨!"로 열린다. 〈알리바바와 40인의 도둑〉에서 비밀의 문을 여는 열쇠가 바로 "열려라! 참깨!"다. 수십 명의 장정이 밀고 당겨도 끄덕하지 않는 육중한 바위 문이 "열려라! 참깨!" 한마디로 스르르 열린다.

인생의 문을 여는 열쇠가 바로 말이다. 세상만사 말대로 이뤄진다. 감사의 말이 바로 인생의 문을 여는 열쇠다. 감사의 말이 기록된 감사노트는 나를 감사하는 습관으로 안내해주었다. 남과 비교하는 습관이, 미워하는 마음이, 원망하는 마음이, 시기하는 마음이, 사라졌다. 부정적인 것에 초점을 맞춘 것에서 긍정적인 것에 초점을 맞추게 되었다.

감사노트를 통해 생활 가운데 작은 일들에서 저절로 감사가 나오게 해주었다. 감사하는 생각과 감사하는 감정과 감사하는 마음과 감사하는 말과 감사하는 행동을 할 수 있게 해주었다. 감사하는 습관은 나를 바꾸고 나의 삶을 바꿔줄 뿐 아니라, 나의 주변을 바꿔놓는다.

감사일기는 감사하는 태도가 형성되게 한다. 감사일기를 꾸준히 쓸수록 기분이 더 좋아지고 행복감을 느끼게 해준다.

감사는 익숙함 속에서
소중함을 찾아내는 힘이다

감사하지 못하는 원인이 무엇일까? 무엇이 감사하는 생활을 방해하는 것일까? 감사하지 않으면 무엇을 하고 있지? 갑자기 궁금해졌다. 그렇다면 감사의 반대말은 무엇일까? 온종일 감사에 대해 감사의 반대말에 대해 생각해봤다. 나는 궁금한 것은 내 안에 있는 뇌에 질문을 던진다. '어떻게 생각하니 너는 감사가 무엇이라고 생각하니? 감사의 반대는 무엇일까?' 그러다가 감사에 대해 나름대로 조금은 정리되었다. 네이버 블로그, '윰'이라는 작가는 감사의 반대말을 이렇게 정의했다.

"요즘 감사함에 대해 많이 생각하게 된다. 감사의 반대말은 뭘까? 흔히 불평, 불만이라고 생각하기 쉽다. 하지만 이것은 감사하지 못했을 때 나오는 자연스러운 결과나 반응일 뿐 오히려 감사의 반대말은 익숙함 혹은 당연함에 더 가까운 것 같다. 모든 것을 당연하게 여기는 마음 원래 처음부터 가지고 있던 것처럼 생각하는 마음, 모든

게 당연한 게 없는데 처음부터 당연히 내게 주어진 것, 마냥 살아간다."

나는 '욤' 작가의 글에 전적으로 동의한다. 작가의 글에서 감사에 대해 얼마나 많이 생각하고 감사가 무엇인지 인지하고 체험하고 경험했는지 만져진다. 진정으로 감사를 만지고 느끼고 감사가 무엇인지 알아차린 작가라는 것을 알 수 있었다. 삶에서 감사에 대해 고민하고 감사를 살려고 분투하신 분이란 것을 알 수 있었다. 나와 같은 생각을 가지고 계신 분이 있었다는 것이 또 감사하다.

나는 감사에 대해 이렇게 생각한다. '당연한 것으로 받아들이는 관념을 깰 때 비로소 감사가 보이기 시작한다. 모든 것을 당연하게 여기는 생각을 깨뜨릴 때 비로소 감사가 보이기 시작한다.'
어쩌다 생기거나 우연히 만들어진 것은 없다. 작은 이쑤시개에서부터 큰 비행기까지 누군가의 수고와 인내가 있고 열정과 헌신이 있다. 내가 당연하게 받아도 되는 것은 하나도 없다. 당연하게 누릴 수 있는 것도 없다.
"원래부터 내 것이야!", "처음부터 내 것인데", "내가 당연하게 쓰는 거야", "당연히 내가 내 돈 주고 사 먹는데 뭐가 고마워", "나는 원래 건강해", "내가 열심히 공부해서 당연히 좋은 대학에 갔어!"

모든 일이 처음에는 힘이 들고 적응하는 데 시간도 걸린다. 하지만 조금 지나면 익숙해지면서 당연히 받아들이게 된다. 감사하는 마음을 가지는 데 방해되는 두 가지 바이러스가 바로 익숙함과 당연함이다. 우리 삶에서 익숙함과 당연함이라는 바이러스를 잡아내면 우리는 감사가 저절로 보이게 된다. 우리 삶의 작은 것 하나하나까지 감사하게 된다. 우리는 얼마나 감사한지 처음에 마음과 나중의 마음이 다르다. 초심을 잃지 말아야 한다. 초심을 가지고 바라보면 모든 것이 다 감사하다.

당연하게 받아들이고 익숙해져서 잊고 살았던 고마운 분들이 생각이 났다.

직장에 입사한 지 벌써 25년 차다. 처음에 이렇게 오랫동안 직장에 다니게 될 줄 몰랐다. 아버지가 순직하신 후 코레일에 입사했다. 아버지의 후광으로 많은 분이 도움을 주셨다.

첫 발령지가 소사역이다. 처음 아무것도 모르는 나에게 선배님들은 모두 제게 또 한 분의 가족이 되어주셨다. 나는 삼 형제 중 장남으로 항상 누나가 있는 친구들이 부러웠다. 항상 편안하게 누나가 되어준 이초애 차장님께 감사한다. 큰형처럼 모르는 것을 알려주고 든든한 버팀목이 되어준 홍승표 부역장님! 이문화 주임님은 항상 긍정적이고 적극적인 좋은 본을 보여주셨다. 쉬는 시간에도 쉬지 않고 하나라도 일을 찾아서 하시고 돈을 낼 일이 있으시면 가장 먼저 돈을 내셨다. 모든 일을 솔선수범하시는 태도를 통해 많이 배울 수 있었다.

하루는 근무하다가 늦잠을 잔 적이 있었다. 하마터면 영업을 못할 뻔할 상황에서도 양병관 주임님은 온 몸을 던져서 신속하게 일을 마무리 지어주셨다. "양병관 주임님 감사합니다. 그땐 철이 없어 몰랐지만, 너무도 감사했습니다."

아버지와 함께 근무하셨던 주명씨도 너무도 고마운 분이시다. 내가 고등학교 다닐 때부터 알고 지내던 분이었다. 항상 자기 일처럼 나와 어머니를 챙겨주시고 관심을 주셨다. "마지막 퇴직할 때까지 힘이 되어주셔서 감사합니다."

입사 후 서비스 강사를 지원했을 때 담당자로 계셨던 백선위 교수님은 김수곤 과장의 아들이라는 것을 아시고 내 손을 꼭 잡아주시며 눈물을 흘리셨다. 백 교수님은 입사 초기에 다른 회사에서 스카우트 되셨는데 처음에 적응할 때 아버지가 많은 도움을 주셨다고 한다. 백 교수님은 내가 서비스 강사가 되는 데도 많은 도움을 주셨다.

첫 번째 강의안 제목도 직접 〈서비스 패러다임 박살 내기〉라고 만들어주셨다. 20년이 지났는데도 지금도 생생하게 기억난다. 췌장암으로 돌아가실 때까지 항상 지지해주시고 격려해주셨다. 직위가 오르셔서 상급자들이 모인 곳에도 웃음치료 강사로 불러주시며 강의할 기회를 많이 만들어주셨다.

"백선위 교수님! 감사합니다. 처음에 따뜻하게 손을 잡아주셨던 것을 잊지 않고 기억하고 있습니다. 항상 밝은 목소리로 저를 불러주셨던 기억이 납니다. 감사합니다. 직장생활하는 것이 힘들다고 느끼지 못했던 것도 교수님의 응원 덕분이었습니다. 누군가의 격려를 받는 것이, 지지받는 것이 얼마나 행복하고 감사한 일인지! 교수님 덕분에 알게 되었습니다. 지지받고 사랑받는 마음의 힘이 얼마나 강력한 에너지와 영향력이 있는지를 알게 해주셔서 감사합니다. 감사합니다. 백 교수님! 뵙고 싶습니다. "

　웃음치료사 자격증을 딸 때도 서비스 강사 책임을 맡고 계셨던 김해진 부장님이 "이런 좋은 자격증을 따는데 회사에서 지원해줘야지 왜 개인이 하려고 하느냐?" 하시면서 적극적인 지지와 함께 50%를 지원 받아주셨다. 그 배려에 감사하는 마음으로 철도에서 하는 많은 행사에 적극적으로 참여했다. 항상 은혜에 보답하는 마음으로 불러주실 때마다 달려갔다. 덕분에 웃음치료사로 철도에서 최초로 자격을 따서 강의할 수 있는 초석을 만들어주셨다.

　함께 일했던 김은화 역장님은 웃음치료를 소개해드렸더니 기꺼이 배우시겠다면서 웃음치료 과정에 참여해주셨다. 항상 배우려는 자세와 마음을 가지고 계시는 역장님에게서 많은 것을 배우게 되었다. 사람들은 좋은 것을 알지만 바로 실행으로 옮기는 사람들은 많지 않다. 겸손하게 수용하는 태도로 실천하시는 역장님을 보면서 많은 것을 배웠다. 겸손한 자세, 열린 마음, 거침없는 실행력 등 지면을 통해서 감사하는 마음을 전하고 싶다.

구로열차승무사업소에 와서도 같은 방을 쓰고 있는 김승화 조장님, 최진배 차장님, 정문혁 차장님 3명의 동료분 덕분에 미루었던 공부도 더 할 수 있었고 여러 가지 자격증 과정에도 도전할 수 있었다. 웃음치료사로 시작해서 보건복지대학원을 졸업하고 사회복지사 1급, 교정복지사, 미술심리치료사, 숲해설가 자격증 등을 손에 쥐게 되었다. 우리가 함께 쉴 수 있는 공간이 있다는 것은 편안함과 휴식을 준다. 우리가 휴식할 수 있도록 방을 만들어주신 코레일에도 감사한 마음을 전하고 싶다. 한 방을 사용해서 그런지 가족과 지내는 시간보다 직장동료와 함께 보내는 시간이 더 많고 같이 할 수 있는 것들도 많다.

김승화 조장님의 후원으로 우리 조원들은 저렴한 비용을 보태서 3박 4일 일본 여행도 함께 다녀왔다. 철도파업을 할 때도 같은 조로 함께 움직였다. 김승화 조장님이 항상 통 크게 한턱을 내시며 형처럼 이끌어주신다. 어려운 일이나 힘든 일도 함께 도와주고 챙겨주신다. 경조사에도 언제나 앞장을 서시며 도움을 준다.

나는 집이 용인이기 때문에 2시간 전에는 출근해야 하는데 시간이 맞지 않아 출퇴근에 곤란을 겪을 때가 있다. 그때마다 우리 방 동료들은 묻지도 따지지도 않고 서로 근무를 바꿔준다.

감사한 분들이 바로 옆에 이렇게 많이 계시는데 시간이 지나 익숙해지면서 감사함을 잊고 살았다. 25년의 직장생활하면서 아주 고마우신 분들이 너무도 많았다. 그분들이 아니었다면 지금의 내가 존재하지 못했을 것이다. 익숙함에 잊을 뻔한 소중한 분들이 나에게 너무도 많았다는 것을, 감사를 생각하게 되면서 다시 일깨워 주었다. 감사하는 마음을 잊지 않으면 항상 소중한 분들이 있다는 것을 깨닫게 된다.

익숙하다는 것이 편하고 자연스러운 가운데 나의 삶의 일부 같은 것들이다. 익숙하다는 것은 습관화된 것이다. 자동으로 나오는 것이다. 하지만 익숙해지는 것은 처음에 느꼈던 느낌이 예전과 같이 신선하고 새로운 느낌이 무뎌진 것이다. 익숙해지면 타성에 적게 되어 자신의 상태에 안주하는 상태가 된다. 익숙함에 속아서 그 안에 있는 행복을 당연히 여길 수 있다.

구본형 작가의 《익숙한 것들과의 결별》이라는 책 제목이 생각난다. 익숙한 것들과 결별할 때만이 혁신적인 삶을 살 수 있다. 자신의 이전 상태에 머물러 있지 않고 개혁해 나가려는 작가의 의지와 태도가 담겨 있다.

'익숙한 것들과의 결별'은 다른 말로 표현하면 혁명이란 말과 잘 어울린다. '감사하는 습관이 삶을 바꾼다'도 다른 말로 표현하면 혁명이란 말로 대치할 수 있다.

감사는 익숙함 속에서 소중함을 찾아내는 힘이다. 감사는 익숙함이라는 것을 당연하게 받아들이지 않고 그 안에서 소중한 것을 찾아내는 혁명적인 힘이다.

내가 가진 모든 것에서
감사할 거리를 찾아보자

당신의 몸값은 얼마인가? 당신의 가치는 얼마나 된다고 생각하는가? 당신의 연봉이 8,000만 원이면 당신은 8,000만 원의 가치가 있는 것인가? 지금 받는 연봉이 당신의 가치일까?

인간의 몸을 생화학자는 시체에서 얻을 수 있는 물질로 계산해서 3,000원이라고 했다. 어떤 사람은 인간의 장기를 따로따로 떼어 계산해 인간의 모든 장기의 값이 560억 원의 가치가 있다고 했다. 한 생물학자는 우리의 몸의 에너지 가치를 분석했다. 그 에너지의 가치가 855억 달러라고 한다. 우리나라 돈으로 환산하면 약 100조 원이 된다. 인간의 잠재력과 가능성의 측면에서 보면 그 가치는 무한대의 가치다. 나의 가치는 어떤 관점으로 보느냐에 따라 달라진다. 나는 3,000원짜리 인생일 수도 있고 100조 원의 인생일 수도 있다. 내가 어떤 존재인지를 알아차리는 것에 따라 달라진다. 내가 누구인지, 내가 가진 것이 무엇인가를 깨닫게 되면, 얼마나 놀라운 축복을 받

있는지를 보게 된다.

 나는 에너지 가치가 100조 원이다. 나는 나 자신이 자랑스럽다. 나는 나를 사랑한다. 나는 자신에게 감사한다. 하나님은 나를 하나님의 형상과 모양으로 창조하셨다. 나에게는 하나님의 생명과 본성이 있다. 나는 하나님의 DNA를 가지고 있는 존재다. 나는 위대한 존재로 태어났다. 나는 하나님의 걸작품이다. 나는 하나님의 청지기 직분을 가진 하나님의 아들이다. 상처도 받고 실패도 하고 좌절해서 잠시 넘어질 수도 있다. 하지만 나의 존재의 가치는 변하지 않는다. 나는 위대한 하나님의 뜻을 이루려고 이 땅에 온 특별한 존재다. 이것을 깨닫는 순간 감사하며 살게 되었다. 모든 것을 다 감사할 수밖에 없었다. 내가 체험하고 경험하는 모든 것이 다 목적이 있고 뜻이 있다는 것을 알게 되었다. 실패도 의미 있고 고난과 어려움과 시련도 다 나에게 의미 있는 것이었다. 모든 것이 너무도 유익한 것들이고 축복이라는 것을 알게 되었다.

 사랑하는 가족들이 있다는 것이 얼마나 감사한지 모른다. 창세 전부터 예비해놓으신 나의 반쪽, 사랑의 동반자이자 동역자인 아내를 하나님께서 선물로 주셨다. 요새 우리 부부는 함께 운동을 헬스장으로 운동하러 다닌다. 일 년 전부터 아내는 헬스장에서 등록하면서 '에어로빅'과 '요가'와 '줌바'를 하기 시작했고 나는 그때 집 앞에 있는 호수 공원에서 달리기하거나 아파트 안의 헬스장에서 근력운동을 했다. 그러나 이번 달부터 헬스장의 주인이 바뀌면서 새롭게 리모델링하고 회원들에게 많은 혜택을 준다. 아내의 권유로 기존 회원 자격으로 등록하면서 함께 헬스장에 다니게 되었다.

전에도 운동할 때는 함께 집에서 나와 함께 만나서 집에 들어갔다. 지금은 함께 헬스장에 다니니 서로 운동하는 것을 볼 수 있고 도와줄 수 있어 더 좋다. 함께 운동할 수 있는 것 자체만으로도 감사하고 행복하다. 우리 부부는 운동도, 모임도, 쇼핑도 함께하고 공부도 함께한다. 혹자는 부부가 많은 것을 함께하는 것은 부담스럽다고 하는데 나는 무엇이든지 함께할 수 있다는 것이 감사하다. 부부가 함께 삶을 공유하고 생활을 함께하는 축복을 누린다.

파스칼(Blaise Pascal)은 이런 말을 했다. "자신의 허물을 지적해준 사람에게 감사할 줄 알아야 한다." 허물을 지적해주는 사람이 나에게 있다는 것이 정말 감사하다. 진정으로 그 사람을 아끼고 사랑해주지 않으면 감히 이런 말을 할 수 있는 사람이 많지 않다. 자신보다 그 사람을 더 사랑해야만 허물을 지적해줄 수 있다. 나에게는 나보다 나를 더 사랑하고 더 잘 알고 있는 사랑하는 아내가 있어 감사하다. 내 허물을 지적해줄 때 잠깐은 기분이 안 좋지만 지적해준 말들을 곱씹어보면 결국 다 나한테 도움이 되는 말들이다. 누가 이런 말을 해줄 수 있겠는가? 나의 아내는 서슴없이 나에게 이런 말들을 해줄 수 있는 사람이다. 나의 부족과 허물을 말해줄 수 있는 사랑스러운 아내가 있어 나는 행복하고 감사하다.

두 자녀, 수정이와 영준이가 있어 감사하다. 손녀딸 사랑이와 소
망이, 한별이가 있어 감사하다. 우리 가족은 식사하기 전에 항상 감
사기도를 드린다. 돌아가면서 한마디씩 다 함께 기도한다. 한별이는
자기가 왜 맨날 꼴찌로 기도하냐며 어떤 때는 가장 먼저 기도한다.
"함께 먹게 해주셔서 감사합니다. 감사합니다. 아멘. 사랑하는 가족
과 함께 먹게 해주셔서 감사합니다. 아멘. 감사히 먹겠습니다"라고
기도한다.

우리 가족은 음식을 먹을 때마다 감사하는 기도를 드린다. 감사하
는 기도가 습관처럼 되어 있다. 감사기도를 하고 식사하면 밥맛이
꿀맛일 뿐 아니라 둘러앉아 있는 가족들을 보면 항상 새롭고 사랑스
럽다.

미국의 의사 존 자웽(John Zaweng)은 '감사하면서 음식을 먹는 사람
과 그렇지 않은 사람은 어떤 차이가 있는가?'에 대한 논문에서 감사
하는 사람에게서는 질병을 예방하고 면역 기능을 향상하게 하는 신
비한 백신이 생긴다는 사실을 발표했다. 오! 얼마나 감사한지 모른
다. 우리 가족은 식사할 때마다 신비한 백신을 함께 맞고 있다니 말
이다.

내 생일날이었다. 전날 가족들이 집에서 함께 모여 잠을 잤다. 밖
으로 여행을 가는 것도 좋겠지만, 휴가를 왔다고 생각하고 집에서

보내기로 했다. 온 가족이 함께 아침 식사를 하는 것이 얼마나 축복인지를 알게 되었다. 가족이 한자리에 모여 함께할 수 있는 자체가 행복이다. 너무도 감사하다. 요새는 20첩 진수성찬 밥상을 받으면 이혼감이다. 왕의 밥상도 부럽지 않다. 밤을 새워 가며 며칠 동안 정성껏 손수 만든 음식으로 생일상 받는 사람이 얼마나 될까? 이런 귀한 음식을 먹는다는 것은 이런 음식을 준비하고 수고한 정성과 사랑을 먹는다는 것이다. 항상 사랑하는 가족이 든든한 후원자다. 가족의 무한한 지지와 응원에 감사한다. 지금 행복을 누린다. 함께 식사할 가족이 있고, 함께 감사를 누릴 가족이 있다는 것은 얼마나 행복한 일인지 모른다. 행복감을 가장 강하게 느낄 때는 바로 내가 사랑받고 있다고 느낄 때다. 사랑하는 가족에게서 내가 사랑을 받고 있다는 것을 느낄 때 행복감은 최고로 올라간다.

얼마 전의 일이다. 아들 영준이 집에 갔다가 함께 식사하려고 식사기도를 하는 도중 영준이 차례가 되어 "사랑하는 가족과 함께 먹게 해……" 하다가 갑자기 눈물을 흘렸다. 왜 그러냐고 물었더니 "아니 나도 잘 모르겠네요. 그냥"이라고 말했다. 아무 말을 하지 않아도 이유는 알 것 같다. 영준이도 감사하는 마음을 가지고 사는 것을 습관화하고 감사하는 마음을 적용하면서 살고 있다. 감사하는 말이 많아졌다. 부정적인 표현과 말보다 감사하는 말과 표현이 더 많아졌다.

'우리 아이가 달라졌어요.' SBS TV에서 하던 프로그램이 생각난다. 〈우리 아이가 달라졌어요〉 프로그램을 볼 때마다 신기했다. 전혀 변화할 것 같지 않던 말썽꾸러기고, 문제투성이 아이가 바뀌고 변화되는 것이 놀라웠다. 그런데 여기의 핵심은 아이가 아니다. 바로 어른들이다. 아이들은 아무런 잘못이 없다. 문제는 어른들이다. 어른의 잘못된 방식과 생활 습관이 아이를 망치고 있었다.

상담사와 전문가들의 조언으로 어른들이 아이들에게 다가가는 방법과 생활 습관을 다른 방향으로 인도해주면 즉시 아이들은 좋아진다. 그래서 앞으로 이 프로그램의 제목은 '우리 아이가 달려졌어요'보다 '우리 어른이 달라졌어요'가 더 잘 어울리겠다고 말한 적도 있었다. '우리 아들 영준이가 달라졌다'라는 말은 내가 많이 달라졌다는 것을 깨닫게 해주는 말이었다. 내가 그동안 감사하는 마음을 가지고 감사하는 태도와 감사하는 말을 표현하지 못했다는 것을 인식하게 되었다. 감사하다. 내가 감사하는 마음을 가지고 사는 만큼 내 가족과 내 자녀들이 손녀들이 변화되고 축복을 받는다는 것을 깨닫게 되었다. 감사하다.

내가 가진 모든 것 중 가장 많이 사용하는 것이 바로 책이다. 좋아하고 항상 지니고 다니는 물건이다.

나의 방에는 책이 1,000여 권이 꽂혀 있다. 7개의 책꽂이에 나란히 꽂혀 있다. 그동안 만난 책들이 2,000여 권이다. 30년 넘게 새로운 책들과 만났다. 한 권, 한 권 발품을 팔아서 힘들게 만난 책들도 많다. 알라딘 중고서점에 내가 사고 싶은 책이 나온 것을 알았을 때는 바로 달려갔다. 몇 시간을 찾아가서 산 책들도 있다. 책은 나의 친구이자 선생님이자 멘토이자 안내자다.

나는 책을 통해 인생을 배웠다. 책을 통해 수많은 작가님을 만날 수 있었다. 감사하다. 책을 통해 인생 멘토들을 만났다. 책은 많은 작가분의 삶을 한 권의 책 안에서 느끼고 체험하게 해주었다. 감사하다.

새벽에 일어나서 가장 먼저 나를 맞이해주는 것이 책이다. 새벽에 눈을 뜨면 책을 읽기 시작한다. 책은 나에게 사고의 확장과 혁명을 일으켜주었다. 매일 책을 읽으므로 마음의 근육을 단련해주었다. 책은 많은 문제를 만날 때 해결해주는 실마리를 주었다. 한 번도 나를 실망하게 하지 않았다. 항상 무엇인가를 배우게 해주었고 깨닫게 해주었다. 책을 통해서 새로운 영감과 아이디어를 얻게 해주었다. 책은 나를 울게도 하고 웃게도 하고 감동을 주기도 했다. 책은 지금의 나를 있게 해주었다. 지금 내가 책을 쓸 수 있게 해준 것도 바로 책이었다. 책은 나에게 가장 가까이에서 가장 많은 도움을 준 감사한 보물이다.

내가 가지고 있는 모든 것들은 다 감사할 것이고, 내용이다. 감사하지 않는 것은 감사의 실제를 모르기 때문이다. 하나도 감사하지 않을 것이 없다. 나와 관계된 모든 사람과 환경과 사물들은 다 나에게 고마운 감사하는 대상이다. 다만 내가 그것을 감사로 보지 못하고 감사로 인식하고 감사로 알아차리지 못할 뿐이다.

소소하지만
확실하게 행복하다

아침부터 한별이에게서 전화가 왔다. 한별이는 올해 7세 외손녀다. 보통은 오전 10시 전에는 전화가 오지 않는데 특별히 시골 할머니 집에 갔다 와서 그랬는지 일찍 전화가 왔다. '혀니' 집에 가서 놀아도 되냐는 내용이었다. 오늘은 글을 쓰려고 마음먹은 날이기 때문에 속으로는 다음에 왔으면 하는 생각도 있었다. 하지만 관점을 조금만 바꾸어 생각해봤다. 한별이가 놀아달라고 하는 것이 얼마나 감사한 일인가! 놀아줄 기회가 있다는 것이 얼마나 축복인가! 한별이와의 놀이시간은 나에게는 인생 공부 시간이다. 한별이에게서 나오는 말이나 표현이나 태도를 보면서 배우는 것이 많다. 순수하게 때 묻지 않은 생각과 언어, 상상할 수 없는 관점 등 정말 많은 것을 인생을 배운다.

"한별아. 오늘은 무엇을 하고 놀까?" 물어보면 항상 그때그때 놀이는 달라진다. 한별이가 "오늘은 컴퓨터에서 프린트해서 만들기 하고 싶어"라고 해서 프린트된 인쇄물을 가지고 색칠도 하고 가위로 오려서 집을 만들었다. 놀이하는 중에 다음 주에 어린이집에서 처음으로 받아쓰기 시험을 본다는 것을 알았다. 갑자기 걱정되었다. 내년의 학교에 가야 하는 7세인데도 한별이는 아직 한글을 모른다. 엄마 아빠는 물론 우리 누구도 그런 한별이에게 글을 가르칠 생각을 하지 않고 있다. 한별이는 편하게 친구처럼 놀아주고 대화하는 것을 좋아한다. 그런데 시험공부 숙제라면서 어린이집에서 보내온 10개의 단어가 쓰인 공책을 보니까 갑자기 욕심이 생겼다. 학교 놀이를 하자고 하면서 한별이에게 글씨를 가르치기 시작했다. 친구에서 선생님으로 바뀌어 가르치고 있으니까 한별이가 불편해하더니 결국 눈물을 흘리고 말았다. 나는 글자 한 개라도 더 맞게 하고 싶은 욕심에 목소리가 점점 커졌다. 상대방의 마음을 잘 읽어내는 한별이는 금방 알아채고 그렁그렁 눈에 눈물을 담고 할머니가 있는 방으로 들어가 버렸다.

나도 속상하고 한별이도 속상해했다. 친구 사이의 관계가 안에서 끊어져 버렸다. 작은 것이지만 명령하는 위치에서 말하느냐고 대화가 아니라 일방적인 요구가 되었다. 불편한 느낌이 있어 한동안 편하게 한별이와 대화가 이어지지 않고 있다가 생각과 관점을 바꾸었다. 나는 한별이를 사람들에게 잘 보이고 싶은 욕심을 내려놓았다. 한별이에게 미안하다고 사과했다.

"한별아 미안해, 아까 한별이에게 큰 소리로 말하고 요구한 것 미안해." 한별이의 대답은 "아니야 혀니! 난 괜찮아, 혀는 회사 출근할 때까지 나와 놀아주었잖아. 고마워!" 나는 눈시울이 뜨거워졌다. 나의 기준으로 아이를 맞추려했던 것이 부끄러웠다. 세상의 관념과 잣대를 가지고 대한 것이 미안했다. 아직도 한별이가 한글을 잘 모르는 것이 부끄러웠고 속이 상했다. '아이가 잘못하는 것은 다 어른들이 잘못하는 것인데, 어른들이 가르쳐주지 않았으면서 한글을 모른다고 왜 아이에게 짜증을 냈을까?' 하는 생각이 들어 더욱 마음이 무거웠다.

책을 익숙하게 해주기 위해 시간 날 때마다 도서관과 서점에 데리고 다녀서 그런지 한별이는 도서관과 서점에 가는 것을 좋아한다. 한글을 모르니까 그림을 보고 상상으로 책을 읽는다.

한발 늦으면 어떠한가? 넘어지면 어떠한가? 조금 상처받으면, 한숨 쉬어가면 그만이지! 한별이가 한글을 잘 모른다고 크게 걱정하지는 않는다. 지금은 학교 교육보다 개인의 역량이 필요한 시대가 되었다. 나는 한별이가 앞으로의 미래에서 가장 탁월한 능력을 지닌 사람이고 인재라고 생각한다.

이지성 작가의 《에이트》에서는 '인공지능에 대체되지 않는 나를 만드는 법은 바로 공감 능력과 상상력이다'라고 말한다. 인공지능이 가장 잘하는 것은 '지식'과 '기술'을 쌓는 일이다. 인공지능은 먹지도 마시지도 쉬지도 않고 자지도 않고 지식과 기술을 축적한다. 인간은 이 두 영역에서 인공지능을 절대로 따라잡을 수가 없다. 인간 고유의 능력이 바로 '공감 능력'과 '창조적 상상력'이다. 공감 능력을 이렇게 정의하고 있다.

"공감 능력이란 철학에서 나온 용어로, 타인의 생각과 감정을 타인의 입장에서 느끼고 이해할 줄 알고 이를 행동으로 옮기는 능력이다. 특히 고통받고 있는 사람들의 처지에서 생각하고 느낄 줄 알고 그들의 고통을 덜어주기 위한 구체적인 행동을 할 줄 아는 능력이다."

한별이는 이러한 관점에서 볼 때 '창조적 상상력'과 '공감 능력'이 누구보다 탁월하다. 한별이의 공감 능력은 우리를 깜짝 놀라게 할 때가 너무도 많다.

한별이와 거실에서 신나게 놀았다. 커튼 밑에 들어가서 여기가 우리 기지라고 해서 그 속에 자세를 웅크리고 숨어 있었다. 그러다가 그만 커튼 고리가 부러졌다. 커튼 고리를 고친다고 책상을 발로 밟고 올라서다가 그만 책상 위에 있던 큰 유리가 박살이 나버렸다. 그 소리를 들었는지 아내가 거실로 뛰어나왔다. 아내는 왜 어른이 책상에 올라가서 유리를 깼냐고 나에게 야단을 쳤다.

그때 한별이가 갑자기 "할머니. 혀니를 야단치지 마셔요. 유리는 제가 깼어요"라고 말하는 것이다. 그것도 애절하고 단호하게 큰 소리로 말하는 것이 아닌가! 나는 깜짝 놀랐다. 보통 아이들의 반응은 자기가 유리를 깼어도 자기가 깨지 않았다고 말하는 것이 일반적이다. 하지만 한별이는 반응이 너무 달랐다. "혀니가 깼어요. 저는 유리를 깨지 않았어요"라고 말할 줄 알았다. 한별이에게 물어봤다. "한별아. 왜 한별이가 유리를 깨지도 않았는데 깼다고 말했어?" 한별이는 "혀니와 함께 놀다가 그런 것이고 내가 커튼 고리를 부러트렸는데 혀니가 날 도와주다가 그랬잖아"라고 말했다. 그리고 "혀니가 할머니에게 혼이 나서 속이 상했다"라고 했다.

나는 한별이의 말에 감동했다. 가슴이 뭉클했다. 한별이는 어떻게 다른 사람의 감정과 마음을 이렇게 잘 읽어내고 공감하고 그것을 바로 실천하고 있는지 정말 감명받았다. 그렇게 된 것은 한별이와 나와의 유대관계가 사랑이란 진한 관계로 연결되어 있어서 가능하다고 생각한다. 이 작은 한별이의 생각과 태도에서 행복을 느낀다.

지난해 겨울의 일이다. 아침에 날씨가 조금 쌀쌀했다. 나는 출근을 하기 위해 집에서 나왔다. 몇 시간이 지나서 한별이가 우리 집에 방문하기 위해서 왔다가 아파트 주차장에 있는 내 차를 발견하고 나서 이런 말을 했다고 아내가 전해주었다. "할머니. 왜 혀니 차가 여기에 있어요?" 할머니가 "혀니는 회사에 출근했는데?"라고 말하니까 "아이참. 그러면 혀니가 출근하면서 너무 추웠을 것 같아요. 혀니가 추워서 어떻게 하지!"라고 말하면서 걱정했다고 한다. 이 말을 듣고 많이 놀랐다. 바로 앞에 보이지 않는 사람에게도 관심과 사랑을 쏟고 있는 한별이의 반응에 감사했다. 항상 그 자리에 없는 사람까지 챙겨주는 한별이를 보면서 많은 것을 배운다. 공감 능력은 배운다고 해서 생기는 능력을 아니겠지만, 바로 옆에서 볼 수 있다는 것이 행복하다.

행복이라는 것은 외부 환경에 의존하지 않는다. 행복이 어떤 외부 조건들에 의해 충족되고 이유가 있는 것이라면 그 이유와 조건이 사라지면 행복도 사라지게 된다. 그래서 진정한 행복은 이유가 없는 것이다. 이유 없는 행복이 진정한 행복이고 이유 없는 감사가 진정한 감사이다.

마시 시모프(Marci Shimoff)의 《이유 없이 행복하라》에서 "외부 경험에서 행복을 추출하는 것이 아니라 그 경험에 행복을 불어넣는다. 행복해지기 위해 주변 세상을 조정할 필요가 없다. 행복을 '위해서' 사는 것이 아니라 행복을 '인해' 사는 것이기 때문이다."

행복은 나쁜 이유에 근거한 행복도, 좋은 이유에 근거한 행복도 아니다. 나쁜 이유에 근거한 행복은 마약, 알코올, 강박적인 도박, 과도한 쇼핑 등에서 쾌감을 찾는 것이다. 순간적으로 경험하는 쾌락을 통해 불행의 감정을 마비시키거나 잠시 피할 뿐 임시방편이다. 좋은 이유에 근거한 행복도 친구와의 좋은 관계, 직업적인 성공, 경제적인 안정, 멋진 집과 자동차 등 인생에서 자신이 원하는 것을 소유함으로써 얻는 행복을 말한다. 나쁜 이유에 근거한 행복은 진정한 행복이 아니라고 인식할 수 있으나, 많은 사람은 좋은 이유에 근거한 행복을 찾아 시간과 에너지를 쏟고 그것을 충족시키기 위해 인생을 허비한다.

진정한 행복은 외부 환경에 근거한 것이 아니라 내면에서 우러나오는 것이다. 외부 환경이 아닌 내면의 가볍고 자유롭게 흐르는 느낌이나 감사하는 마음이나 자신과 다른 사람에 대한 사랑이나 공감의 느낌일 것이다. 특별한 일이 일어나지는 않지만, 그 안에서 평안을 느끼고 감사하는 마음이 가득 차올라 기분이 좋아지는 것이다. 먼 미래의 기대와 얻게 될 어떤 것이 아닌 현재의 소소한 일과 사람과의 관계 속에서 얻어지는 행복이 진정한 행복이라 하겠다.

넘어지면
쉬어가면 그만

얼마 전에 끝난 tvN 드라마 〈나빌레라〉에서 나오는 대사가 생각났다.

"다 지나가는 거야. 할아버지가 지금껏 살아보니까 그래. 별 볼일다 있었는데 지금 기억 안 나. 다 지나가버렸어. 넘어져도 괜찮아. 물론 살면서 안 넘어지면 좋지. 탄탄대로면 얼마나 좋아. 근데 넘어져도 괜찮아. 좀 까지면 어때. 네 잘못 아니야. 잘 견뎠고 잘 소리쳤어."

주인공 심덕출 할아버지가 손녀딸에게 해주는 응원의 말이다. 이드라마는 70대의 할아버지가 그의 어릴 때의 꿈을 이루기 위해 발레에 도전하는 내용이다. 치매에 걸려 조금씩 기억을 잃어가는 주인공의 마음을 담은 인생 이야기다. 인생은 다 지나가는 거다. 인생은넘어지지 않고 살 수 없다. 넘어지는 것이 어쩌면 당연하다. 걸음마를 배울 때 한 번도 넘어지지 않고 걸음걸이를 배운 사람은 한 명도 없다. 자연스럽게 넘어지면서 서는 방법을 배우게 된다.

나빌레라의 뜻은 '나비일레라'의 합성어로 조치훈 시인의 〈승무〉에서 나오는 단어다. '나비 같다' 또는 '나비와 같구나'라는 뜻이다. 처음에는 서툴고 어색한 몸짓일 것이다. 중간에 너무도 힘들어 포기하고 싶었을 것이다. 과정이 너무 길어서 어디로 가야 할지 모를 수도 있었을 것이다. 하지만 넘어져도, 조금 상처가 생겨도 목표를 향해 끝까지 나아가는 것이다. 주인공처럼 넘어져도 좀 까져도 잠시 쉬었다가 다시 일어나 시작하면 된다. 언젠가 춤추는 모습이 나비같이 아름다운 몸짓이 될 것을 그려보며 꿈을 향해 나비같이 한번 날아올라 보자!

'나비' 하니까 숲해설가 과정에서 불렀던 노래가 생각이 난다. 윤도현의 〈나는 나비〉라는 노래다. 나비가 마치 나 자신을 말하는 것 같아서 숲해설 공부를 하면서 이 노래를 주제가처럼 자주 부르게 되었다.

"앞길도 보이지 않아 작은 애벌레
살이 터져 허물 벗어 한 번 두 번 다시 나는 상처 많은 번데기
추운 겨울이 다가와 힘겨울지도 몰라
봄바람이 불어오면 이젠 나의 꿈을 찾아 날아"

나비는 처음부터 아름다운 날개를 가지고 있지 않다. 애벌레의 모습만 보면 어떻게 이런 모습에서 나비가 될 수 있을지 상상이 가지 않는다. 처음에는 알에서 나온 애벌레에서 번데기로 다시 나비가 되기까지의 과정이 우리의 삶과 똑같다고 생각한다. 애벌레는 막막한 앞길이 보이지 않는 엉금엉금 기어 다니는 상태다. 온종일 나뭇잎만 열심히 먹고 있다. 나뭇잎을 탐내는 애벌레를 그 누구도 환영하지 않는다. 나무 쪽에서 보면 애벌레는 적이다. 천덕꾸러기 대접받는 애벌레다.

천덕꾸러기는 양반이다. 애벌레의 목숨을 노리는 적들이 너무나 많다. 각종 새와 무당벌레와 사슴벌레 등이 어디에서 나타나서 목숨을 위협할지 모르는 두려움의 연속이다. 한시도 긴장을 늦출 수 없다. 하지만 애벌레는 보호색으로 자신을 지키는 방법을 가지고 있다. 애벌레는 몇 번의 변신으로 변태로 몸을 점점 키운다. 번데기는 움직이지도 못하고 추운 겨울을 이겨내야 한다. 상처받고 허물을 벗는 과정을 지나야 한다. 이제 드디어 봄이 되면 번데기에서 나비가 되어 화려한 날개를 뽐내며 하늘을 날아오를 수 있다.

드라마의 대사에서도, 자연 안에 있는 나비를 보면서도 그 안에서 나 자신을 볼 수 있다는 것이 얼마나 감사한지 모른다. 그 안에서 작은 인생을 배운다. 많은 경우 힘들고 넘어질 때 더 많은 것을 배우게 된다. 오히려 편안한 환경에서는 인지하지 못하다가 파도 같은 환경이 올 때야 비로소 정신을 차리고 깨닫게 된다.

뉴욕에서는 이 말을 많이 사용한다고 한다. 'Life is a marathon not a sprint.' 인생은 전력 질주가 아니라 마라톤이다. 인생은 장거리 달리기, 마라톤과 같다. 100m 달리기가 아니라 긴 장거리를 달려야 한다. 마라톤은 중간에 쉬어가더라도 달리는 속도가 좀 느려도 매 순간 최선을 다하려고 노력하는 모습에, 넘어졌다 일어나 다시 달리는 사람에게 사람들은 박수를 보낸다. 우리의 인생도 마찬가지다. 꼴찌라고 해서 남들보다 늦었다 해서 실패한 것이 아니다. 우린 아직 인생이라는 마라톤 경기를 진행 중이고, 아직 포기하지 않았다. 힘들면 쉬어가고, 넘어지면 일어나서 다시 달리면 된다. 넘어지고 실수해도 언제든지 기회가 있다. 속도보다는 목적지를 향한 방향이 중요하다.

마라톤은 자전거와는 다르게 오로지 자신의 힘으로 한 발, 한 발 땅을 디뎌야 한다. 한 발, 한 발이 모여서 결승점에 도달한다. 한 발을 누가 대신 달려줄 수도 없고, 한 발을 무시한 채로 건너뛸 수도 없다. 한 발, 한 발이 다 소중하다. 퍼즐의 조각이 한 조각이라도 없다면 그 퍼즐은 완성될 수 없듯이 마라톤을 완주한다는 것은 한 발씩 마지막 결승점까지 힘을 다해 포기하지 않고 달리는 것이다.

당신이 좋아하는 단어는 어떤 것일까?

내가 좋아하는 단어들은 생명, 감사, 마음, 설렘, 열정, 웃음, 동심,

공감, 창조, 상상, 우리, 사랑, 행복, 건강, 긍정, 영감, 믿음, 소망, 기쁨, 수용, 도전, 젊음, 습관, 지금, 존중, 행복, 행운, 지혜 등 너무도 많은 단어를 열거할 수 있다.

이 많은 단어 중에서 끝에 '먹기'를 붙여서 어울리는 단어가 무엇이 있을까? 한번 시도해봤다. 감사 먹기, 설렘 먹기, 열정 먹기, 웃음 먹기, 동심 먹기, 공감 먹기. 창조 먹기 등 여러 단어에 붙여 보지만 다 어색하다.

내가 찾은 단어 중에 어울리는 단어는 '마음먹기'다. 내가 가장 좋아하는 감사에도 먹기는 잘 어울리지 않는다. '마음'만 '먹기'가 되는 것이 너무 신기하다. 마음을 먹으면 안 되는 것이 없다. 그래서 나는 '마음 먹기'라는 말을 사랑하게 되었다. 마음을 먹으면 어떻게 될까? 먹으면 그것은 소화가 된다. 먹으면 그것은 나의 피와 살이 되어 그것과 하나가 된다. 먹으면 그것은 나의 생명이 된다. 먹으면 그것은 나의 에너지가 된다. 그것은 곧 나의 존재가 된다. 그것이 바로 '나'다. 고로 마음과 나는 하나다.

'마음먹기'를 하지 않으면 그것은 '마음의 짐'이 될 수 있다. '마음먹기'가 안에서 소화되고 흡수된 것이라면 '마음의 짐'은 위에서 무겁고 답답하게 진 누르는 것이 된다. '마음의 짐'은 답답하게 짓누르는 부담감이 되어 좌절하고 포기하는 상태에 이르게 만든다. 결국은 마음의 병이 생겨 인생을 포기하게 된다. 마음의 짐을 가지고 있는 사람은 시작도 하지 못한다. 마음을 먹으면 되는데 마음의 짐으로 끌어안고 고민하고 괴로워하다가 한 발짝도 움직이지 못하게 된다. '마음먹기'가 안 되고 '마음의 짐'이 되는 것은 시작하지 않기 때문이다.

'천 리 길도 한 걸음부터'다. 마음먹은 사람은 시작해서 실천으로, 실행으로 옮기는 사람이다. 마음의 짐을 진 사람은 무거워서, 부담되어서 시작도 하지 못하고 움직이지도 못하게 된다. 그 사람에게는 어떤 변화도 없다.

이제 더 이상 고민하지 말자! 마음의 짐으로 받지 말고 마음으로 먹어 버리자! 마음을 먹는데, 감사하는 마음을 먹어보자! '감사하는 마음 먹기'는 시작과 끝맺음이 된다.

"나는 오늘 감사하는 마음을 먹는다. 나는 오늘 행복해지기로 마음먹는다. 나는 글을 쓰기로 마음을 먹는다. 나는 건강해지기로 마음을 먹는다."

사람은 마음을 먹지 않아서 그렇지, 마음만 먹으면 무엇이든지 할 수 있는 가능성과 잠재력을 가지고 있다. 나를 믿자! 나를 창조하신 하나님을 믿자! 하나님과 똑같은 형상과 모양으로 창조되었다는 말씀을 믿자! 나는 위대한 존재로 창조되었다는 사실을 믿자!

인생은 마라톤이다. 하지만 걱정하고 두려움으로 염려하고 마음의 짐으로 끌어안고 있으면 마라톤은 시작도 못 한 것이다. 넘어졌다는 것은 이미 움직이고 시작했다는 것이다. 마음을 먹었다는 것이다. 작심삼일은 이미 시작한 사람이다. 이제 넘어질까 봐 너무 염려하고 두려워하지 말고 한 발을 내딛자!

이제는 감사하는 마음만 먹으면 된다. 마음의 짐을 내려놓고 움직여보자! 넘어지면 다시 일어나서 잠시 쉬었다가 다시 가면 된다. 다시 일어나려고 마음만 먹으면 일어날 수 있고 다시 한 발을 뗄 수 있다. 이것이 인생이다.

내 감정을 책임지고
행복한 삶을 사는 방법

JYP 대표이자 가수인 박진영이 아이돌에게 일본어로 말하는 한 영상을 우연히 보게 되었다. 그 내용은 다음과 같다.

"첫째는 진실입니다. 감출 게 없는 사람이 되라는 의미입니다. 카메라 앞에서 할 수 없는 말과 행동은 카메라가 없는 장소에서도 절대 하지 마세요. 조심하자는 생각을 하지 말고 조심할 필요가 없는 훌륭한 사람이 되어주셔요. 둘째는 성실입니다. 나와의 싸움입니다. 매일 해야 할 일을 하는 것입니다. 나 자신에게 채찍질하고 노래 연습, 춤 연습, 어학 공부 등을 계속한다면 그게 쌓이고 쌓여서 여러분의 꿈을 이뤄줄 것입니다. 셋째는 겸허입니다. 말이나 행동의 겸허가 아니라 마음의 겸허를 말합니다. 나 자신이 늘 부족하다고 생각하고 옆 사람의 단점을 보는 것이 아니라 장점만을 보고 진심으로 감사하는 것입니다. 그것이 겸허입니다."

나는 깜짝 놀랐다. 정말 멍하다고 할까? 주먹으로 한 방 얻어맞은 기분이었다. 이 영상을 20번 이상 보고 또 보고 봤다. 우선은 그의 일본어 실력에 놀랐다. 일본어를 잘하는 사람이 들어도 정말 일본어를 잘했다. 그는 말로만 하는 사람이 아니라 실력으로 보여주는 사람이다. 그의 말하는 내용은 어떤 목사나 교수의 말보다 설득력이 있었고, 깊고 진심이 담겨 있었다. 진실, 성실, 겸허 모두 다 체험에서 나오는 말이었다. 진심이 담겨 있는 한 마디 한 마디가 감동이었다. 박진영이 어떻게 그 자리까지 올라갈 수 있었는지 알 수 있었다. 그가 진심으로 감사하는 마음을 가지고 사는 사람인 것을 알았다. 그는 자신을 지독히 운이 좋은 사람이라고 말한 적이 있다. 태어날 때부터 지금까지 일어난 많은 일이 자신에게 일어나지 않았다면 자신은 지금의 모습이 될 수 없었다고 말한다. 운칠기삼(運七技三). '모든 일은 운이 70%이고 재주는 30%라는 의미다.' 본인이 열심히 한 것은 30%에 지나지 않는다고 말한다. 그래서 사소한 일에도 감사하는 삶을 살게 되었다고 말한다.

작은 일에 감사할 줄 아는 사람들은 작은 것을 토대로 기적을 창조해 내는 사람들이다.

박상미 작가는 《우울한 마음도 습관입니다》라는 책에서 '감사 천재'라는 말을 사용했다. 진정한 천재는 지식이 풍부한 사람이 아니라 감사가 풍부한 사람이다. 사소한 것에서도 감사함을 느끼는 능력은 운명을 창조하는 기적을 낳는다. 가수 박진영은 감사하는 마음으로 자신의 운명을 창조해 낸 사람이다. 감사하는 감정이 풍부한 사람이다. 모든 일에 감사하는 삶을 통해 날마다 새로운 삶을 창조해 나가는 사람이다.

아내가 '청매실농원' 홍쌍리 여사님의 유튜브 동영상을 카카오톡으로 보내주었다. 홍쌍리 여사님의 이야기를 듣고 있는데, 가슴이 훈훈하고 따뜻해지면서 진한 인생의 향기가 느껴졌다. 여자 혼자 힘으로 57년간 돌산을 개간해서 10만 그루의 매화나무를 심어 6만 평 규모의 매실 농원을 만드신 분이다. 매실 하나만 보고 지금까지 달려오신 분이다. 황무지 산에서 지금의 '청매실농원'이라는 기적을 일으킨 매실의 어머니다. 인터뷰에서 어떻게 청매실농원을 만드셨냐고 물으니 "모든 것은 우리 시아버지 덕이에요, 시아버지께서 저를 잘 키워주셨습니다. 우리 조상님들께도 정말 감사합니다. 또 이렇게 매실을 담글 수 있도록 전통 옹기 항아리를 선물로 주셔서 감사합니다"라고 말하며 다른 사람의 몫으로 돌리고 작은 것에서 감사하는 마음이 넘치고 있었다. 주름진 얼굴은 밝았고 웃음이 가득하며, 감사가 넘쳤다. 행복한 삶을 사는 실제가 가득했다.

그동안 '청매실농원'에 사람들이 매년 200만 명이 다녀갔다는 소식을 듣고 깜짝 놀란 임권택 영화감독님이 홍 여사님에게 이런 말을 했다고 한다. "초대장 하나 없이 이렇게 많은 사람을 모을 수 있다니 세계에서 당신이 제일 부자입니다."

'청매실농원'에서 영화 촬영을 찍겠다고 요청하면 전기세, 수도세,

촬영비 등을 일절 받지 않고 오히려 따뜻한 물을 대접했다고 한다.

"내가 조금만 손해 보면 모든 사람이 다 좋은 인연이 된다. 조금만 더 섬기고, 조금만 더 돕고, 조금만 더 나누는 마음을 가지면 된다." 홍 여사님의 인터뷰 마지막 내용이 잔잔하게 마음에 남는다.

이런 감동적인 이야기는 우리를 행복하게 하고 감사가 저절로 나오게 한다. 감사드린다. 이런 따뜻한 마음과 큰 그릇의 여사님 덕분에 이 세상이 좀 더 아름다워지고 있다고 느꼈다. 진심으로 감사드린다. 홍 여사님이 하신 말씀 중에 가장 와닿은 내용이 있었다.

"이 시대의 젊은이여! 돈으로 된 백만장자보다 사람 울타리로 된 백만장자는 영원히 시들지 않는 인생의 꽃이 된다. 헛된 꿈을 꾸지 마라. 부모 탓하지 마라. 남을 탓하지 마라. 다 내 복이요, 내 덕이다. 자기 분야에서 자기 영혼을 불태워 다른 사람들에게 항상 보고 싶은 사람만 되면 이것이 최고의 인생살이다."

최고의 인생살이는 '항상 보고 싶은 사람'이 되는 것이다. 나도 누군가에게 '항상 보고 싶은 사람'으로 기억되고 싶다. 행복한 삶을 사는 방법은 크고 거창한 것이 아니라 작고 어쩌면 사소한 것이다. 내가 누군가에게 항상 보고 싶은 사람이 되는 것은, 만나고 싶은 사람이 되는 것이다. 항상 보고 싶은 사람은 누구인가? 당신이 지금 보고 싶은 사람은 누구인가? 항상 보고 싶은 사람은 만나면 기분이 좋아지는 사람이다. 함께 있으면 웃음이 나오고 편안한 사람이다. 힘들 때나 어려움을 당했을 때 생각나는 사람이다.

나는 하고 싶은 것이 생겼다. 꼭 해 보고 싶은 것을 찾았다.

개그맨 박성광은 "1등만 기억하는 더러운 세상"이라는 말을 유행시켰다. 이 세상은 2등, 3등은 기억조차 못 한다. 1등만이 모든 것을 독식하는 세상에 살고 있다. 그만큼 치열한 경쟁의 시대에 살고 있다는 것이다.

여기에서 살아남을 수 있는 비결이 무엇일까? 그것은 바로 나의 책을 쓰는 것이다. 나는 이제 50세가 넘은 나이에 새로운 것에 도전하려고 한다. 다소 늦은 나이일 수 있지만 도전한다는 것은 나를 가슴 설레게 한다.

나는 평범한 삶을 살아왔다. 평범한 사람으로 평범한 삶을 살아왔기 때문에 이제 새로운 삶에 도전한다. 이 세상에 태어나 죽기 전에 꼭 한번 해 보고 싶은 것을 이룰 수 있다면 행복한 인생이 아닌가? 그것이 나에게는 책을 쓰는 것이다. 이 땅에 살아 있을 때 바로 책을 쓰는 것이다. 책을 써서 사람들에게 선한 영향력을 끼치는 것이다.

행복한 사람들의 특징 중 하나가 바로 돈보다 시간을 더 귀히 여긴다는 것이다. 황금보다 시간의 가치를 더욱더 귀하게 여기는 것이다. 행복은 인생이란 시간 위에서 누리는 특권이다. 시간이 모여 인생이 된다. 시간을 낭비하면 할수록 행복할 수 있는 시간이 줄기 때문에 시간을 가치 있게 여기는 사람이 진정한 행복을 누리는 사람이다.

그런 면에서 나는 지독히 운이 좋은 사람이다. 그것은 〈한책협〉을 알게 되었기 때문이다. 〈한책협〉을 통해 글을 쓰는 것을 실천으로 옮길 수 있게 되었으니 얼마나 운이 좋은 사람인가! 생각으로만 머무를 뻔한 나를 책을 쓸 수 있게 이끌어주신 김태광 대표님께 감사드린다. 김 대표님을 만나서 나도 책을 쓸 수 있다는 자신감을 얻었고 시간을 절약할 수 있게 되었다. 최고의 멘토를 만난 것은 행운이다. 최고의 멘토를 만나면 시행착오를 줄일 수 있고 시간을 절약할 수 있다. 에너지를 낭비하지 않고 비전을 갖고 앞을 향해 나아갈 수 있게 한다.

가장 하고 싶은 일을 찾게 되어 감사하다. 가장 좋아하는 일을 할 수 있게 되어 감사하다. 시간의 가치를 깨닫게 된 것도 감사하다. 생각하면 생각할수록 모든 것이 감사하다.

나는 지금도 글을 쓰고 있다. 가장 하고 싶은 것을 하고 있다. 글을 쓰면서 몰입하고 있는 이 시간이 행복하다. 내 생각과 경험을 글로 옮기는 작업은 처음이지만 또한 설레는 작업이다. 한 번도 가지 않은 길을 가는 기대와 설렘이 나를 행복하게 한다.

순간순간 나에게 일어나는 모든 일을 소중히 여기고 감사하는 마음으로 받을 때부터 행복은 시작된다. 행복을 찾으려고, 파랑새를 찾으려고, 밖에서 헤맬 필요가 없다. 행복한 사람은 잘하는 것을 하는 것이 아니라 자신이 가장 좋아하는 것을 하는 사람이다. 자신이 가장 잘하는 것이 가장 좋아하는 것이라면 더 말할 것도 없다. 내가 가장 좋아하는 것을 하는 삶이 행복한 삶이다. 나는 지금 내가 가장 좋아하는 일을 하고 있다. 고로 나는 행복한 사람이다.

3장

감사일기를 쓰는
7가지 원칙

일단 시작하라!
그냥 써라

감사일기를 쓰는 첫 번째 원칙은 일단 시작하는 것이다. 그냥 쓰는 것이다. 일단 시작하는 것이 반이다. 문제는 시작하지 않기 때문이다. 시작하려는 마음이 전부다. 마음을 먹고 시작하는 것이 중요하다. 대부분 일이 다 비슷하다. 일을 저질러야 어떤 일이든 일어난다. 운동하는 것도 그렇고 새로운 언어를 공부하는 것도 그렇다. 저지르지 않으면 아무 일도 일어나지 않는다. 감사를 찾아내고 기록하는 것도 마찬가지다. 생각으로만 계획했지, 행동으로 옮겨 실천하는 사람은 많지 않다.

배우 유해진은 유튜브 채널 〈십오야〉의 〈나영석의 나불나불〉에서 이렇게 말했다.

"그냥 해야 해, 이것저것 생각하잖아? 아무것도 안 돼, 산을 가고 싶으면 신발을 신으면 벌써 반이 해결된 거야! 딱 신발을 신으면 끝이야. 벗기 또 귀찮거든. 그러니까 그냥 딱 무슨 생각이 들 때 그냥 신발부터 신는 거야.”

이 말에 절대적으로 공감되었다. 유해진 배우가 옆집 아저씨 같은 얼굴로 툭툭 던진 말이 진심으로 전달되었다. 경험에서 나온 것이 느껴졌다. 특유의 재치와 유머 감각으로 그가 했던 말이 귓가에 맴돌았다. 무엇인가 하고 싶은 것이 있으면 이것저것 생각하지 말고 일단 시작하는 것이다. 일어나서 신발만 신어도 이미 반이 해결된 것이다. 하고 싶은 것이 있을 때 바로 신발을 신어보자!

일 년 전에 달리기를 시작할 때가 생각났다. 직장동료들과 교육을 마치고 회식 자리에서였다. 대화 중에 건강 이야기가 나왔다. 요새 사람들은 건강해지기를 바라면서 운동은 하지도 않고 움직이는 것도 싫어한다고 했다. 그 당시 코로나19 팬데믹을 막 지나가는 상황이었다. 운동하고 싶어도 운동할 기회가 없었다. 동료 중 김진식 차장님은 벌써 수십 번 풀코스를 달린 마라토너였다. 그의 말을 듣고 한 번 마라톤에 도전해보고 싶은 생각이 들었다. 생각이 들었을 때 생각으로 멈추지 않고 마라톤에 도전해보기로 마음을 먹고 실행으로 옮기기로 했다. 이것이 달리기를 시작하게 된 계기가 되었다. 신발을 신은 것이 달리기할 수 있었던 원동력이 되었다. 침대에서 일어나 방 문턱을 지나 신발을 신고 밖으로 나왔다. 일단 시작하고 나니 할 수 있다는 자신감이 생기고 할 수 있는 용기가 생겼다. 한번 한번 달리고 달릴 때마다 실패와 성공을 거듭하면서 배우게 되었다.

미국의 영화배우 〈트랜스포머〉의 주인공 샤이아 라보프(Shia LaBeouf)가 한 유튜브의 영상에서 'Just Do It!'을 아주 간절하게 온몸을 다 사용하면서 외치고 있는 영상을 봤다.

"넌 거기서 멈추지 말고 계속 나가야 해, 지금 뭘 망설이고 있는 거야? 넌 할 수 있어! 그냥 실행해!"

이 배우는 너무도 진지한 태도와 어조로 강하게 말하고 있었다. 그 말이 꼭 나에게 하는 말로 들렸다. 망설이지 말고 생각하지 말고 그냥 해보라는 것이다.

나이키 광고를 보면 유명한 문구가 마음에 와닿는다. 'Just Do It!' 그냥 하는 것이다. 나이키를 대표하는 표어 'Just Do It'은 사람들에게 많은 영감과 용기와 희망을 주었다. 단순한 몇 마디의 말이지만 힘이 있다. 영향력이 있다. 생각을 많이 하면 할수록 더 복잡해지고 시간만 끌 뿐이다. 걱정하지 말고, 망설이지 말고, 쉬운 길만 찾지 말고, 욕심부리고 말고 그냥 하는 것이다. 해보지 않고, 시도하지 않으면 아무것도 얻을 수 없다. 실패하든지, 문제에 부딪히든지 그냥 시작하는 것이 답이다.

왜 감사를 알아차려 찾지 못하고 쓰지 못했는가? 그것은 시도하지 않았기 때문이다. 시도해보면 거기에 답이 있다. 감사하는 방법을 찾는다면 그것은 일단 해보는 것이다. '시작이 반'이라는 말도 있듯이 일단 시작하면 하면서 감사에 대해 배우게 되고 체험하게 된다.

처음에는 한 줄을 쓰는 것으로 시작했다. 하루에 5가지씩 감사일기를 쓰기 시작했다. 10년 전에 감사일기를 처음 쓸 때는 어떻게 표현해야 하는지 어떤 것이 감사의 내용이 되는지 무엇을 감사해야 할지 잘 몰랐다. 감사를 억지로 짜낸다는 느낌도 들었다. 무엇을 적어야 할지 막막하게 느꼈다. 특별한 것이 없는 반복되는 일상생활 속에서 감사할 것이 없다고 생각했다.

감사일기를 계속해서 쓰다 보니 관점이 바뀌게 되었다. 특별한 일이 아닌 아무 일도 일어나지 않은 사소하고 평범한 하루에 대해서도 감사를 할 수 있었다.

"감사의 관점으로 세상을 보게 해주셔서 감사합니다. 지금 살아 숨을 쉬고 있음에 감사합니다. 새벽에 일어날 수 있게 주셔서 감사합니다. 따뜻한 밥상을 차려준 아내에게 감사합니다. 맑은 공기와 시원한 바람이 있어 감사합니다."

구하지 못하고 찾지 못하고 열리지 않는 것은 나에게 절박함이 부족하기 때문이다. 내가 살아 있다고 느끼고 싶다면 그냥 감사해보라! 일단 시작해보라! 그리고 써보라!

감사하는 마음을 알아차리고 찾아내고 경험하는 데는 이렇게 3단계의 과정을 거치게 된다는 것을 체험했다.

1단계는 아는 단계다.

아는 것은 먼저 자신의 상태를 아는 것이다. 감사를 하려고 하면 나 자신을 먼저 알아야 한다. 내가 어떤 상태에 있는지 정확히 알아야 한다. 나 자신을 인식하고 인지하는 단계다. 감사하는 생활을 살려고 할 때 비로소 내가 어떤 상태인지를 알게 되었다. 감사를 살려고 하니 내가 그런 사람이 아니라는 것을 느끼고 깨닫게 되었다. 내 속에는 불만과 불평, 짜증이 가득하다는 것이 드러났다. 부정적인 것으로 조성된 사람이고 긍정적인 것과 감사한 것과는 거리가 멀다는 것을 알게 되었다.

2단계는 깨달음의 단계다.

내가 감사할 수 없는 사람인 것을 아는 것이 먼저고, 그다음은 내 안에 할 수 있는 능력이 있는 존재임을 알아차리고 깨닫는 단계다. 이것을 알아차리고 깨달을 때 감사의 힘이 발휘된다. 내 안에 감사의 생명이 있는 것을 깨달았다. 이미 내 안에 감사의 생명이 있고 감사의 능력이 있었다. 감사하는 생명이 내 안에 있다는 것을 깨닫는 순간 인생이 바뀐다.

3단계는 실행의 단계다.

행하는 단계다. 행하는 것은 내 안에 있는 감사의 생명을 따라 행하면 된다. 감사의 생명은 감사를 찾아내고 창조해낸다. 이제는 저절로 자동으로 감사할 수 있는 단계다. 감사하는 마음이 알아차리고 찾아내는 과정을 통해 실천하게 되면 이제는 감사하는 습관이 생긴다. 감사하는 습관이 생기는 것은 이제 애쓰고 힘쓰고 노력하는 것이 아니다. 자연스럽게 저절로 자동으로 감사가 나오게 된다. 뇌는 이제 나에게 감사를 알아차리고 찾아내게 해준다. 나와 감사의 생명과 하나가 되어 나에게서 나오는 것이 감사다. 감사의 표현이고 감사의 나타남이다.

감사하는 마음을 가지고 감사하기로 마음을 먹고 감사를 찾아야 한다. 여기에서 중요한 것은 적극적으로 감사를 선택해야 한다. 의지를 사용해야 한다. 감사는 가만히 입만 벌리고 있으면 입안으로 들어오는 것이 아니다.

성경 〈마태복음〉 7장 7~8절에서는 이렇게 말하고 있다.

"구하라. 그리하면 너희에게 주실 것이요 찾으라 그리하면 찾아낼 것이요 문을 두드리라. 그리하면 너희에게 열릴 것이니, 구하는 이마다 받을 것이요 찾는 이는 찾아낼 것이요 두드리는 이에게는 열릴 것이니라."

구하고 찾고 문을 두드리지 않기 때문에 구하지 못하고 찾지 못하고 열리지 않는 것이다. 하나님은 우리를 위해 모든 것을 예비해두셨다. 우리가 무엇을 원하든지 구체적으로 알고 믿음으로 구하고 찾고 문을 두드린다면 얻고 찾아내고 문은 열릴 것이다.

많은 사람이 감사를 모르고 힘들게 사는 것은 간절함 없이 막연하게 구하고 문을 두드리기 때문이다. 간절함이 없이 절박하지 않아서다. 간절하게 필사적으로 감사를 구하고 찾아야 한다. 문을 두드리지 않는 것은 아직 감사의 위대한 힘과 감사하는 마음이 가지고 있는 능력을 체험하지 못했기 때문이다. 감사하는 마음만 있으면 감사를 체험할 수 있다. 감사에 대해 알아차리게 되고, 깨닫게 되며, 배우게 되고 체험하게 되는 것이다. 점점 감사하는 것이 많아지고, 감사하지 않는 것이 어색할 정도가 된다. 감사가 내가 되고 내가 감사가 된다.

감사의 대상을
찾아라

감사일기를 쓰는 두 번째 원칙은 감사의 대상을 찾는 것이다. '누구(Who)'와 '무엇(What)'을 찾는 것이다. 사람은 누구에게 감사할 것인지, 사물은 무엇을 감사할 것인지를 찾으면 감사하는 것이 훨씬 쉬워진다.

막연하게 감사하려고 하면 아무것도 감사할 것이 떠오르지 않는다. 하지만 대상을 정하고 나면 막막하던 것이 분명해지듯이 목표가 정해지면 감사할 내용이 떠오른다. 인생은 놀이이다. 감사를 찾는 것 또한 하나의 놀이다. 감사 대상을 찾는 것은 보물찾기 놀이에서 감추어 놓은 보물을 찾는 것이다. 게임에서 아이템을 찾듯이 현실 세상에 있는 감사 아이템을 찾아보자! 가상 세계에서 게임에 빠져서 몰입되는 것처럼 현실 세계에서 흥미와 재미로 즐기면서 감사 대상을 찾을 수 있게 된다. 미션을 수행하는 재미에 푹 빠지게 된다.

재미있는 것은 뇌가 한 번 흥미를 느끼게 되면 신기하게도 너무나 잘 찾아준다. 나는 웃음 강의할 때 이런 체험을 많이 하게 되었다. 웃음 강의를 준비하면서 뇌에 하나의 미션을 주고 질문을 던지면 친절하게 답을 준다. 뇌는 사용하면 할수록 더욱 많은 것을 알려준다.

감사일기를 쓰면서 감사의 대상을 찾으면 감사에 관한 내용이 풍성해지고 자연스럽게 이어져 나간다. 아침에 일어나서 감사하는 마음으로 감사를 내 안에서 그냥 느낀다. 감사를 마음으로 느낀다. 의식적으로 어제 나에게 감사함을 최대한 느끼게 한 대상을 떠올린다. 사람일 수도 있고 사물일 수도 있고 일에 대한 것일 수도 있다.

감사의 대상을 찾는 데 있어서 제일 먼저 나 자신이 있다. 나 자신에 감사하는 것이 가장 우선시 되고 중요하다. 있는 그대로의 나 자신에 감사할 수 있다. 나의 영, 혼, 몸에 감사할 수 있다. 신체적으로 관련된 모든 부분을 감사할 수 있다. 정신적인 부분, 의식과 마음에 감사할 수 있다. 내 생각과 감정과 행동과 태도에 감사할 수 있다. 책을 읽고 깨달음과 변화와 성숙한 나와 의식의 성장과 성숙에 감사할 수 있다. 성공에 대한 것을 감사할 수 있을 뿐 아니라 실패에 대한 것도 감사할 수 있다.

나로부터 시작해서 아내와 자녀 그리고 가족들, 부모님, 친척, 이웃, 직장의 동료와 친구들, 내 주변의 모든 사람에게 감사할 수 있다.

내 주변 사물에 관해서도 감사할 수 있다. 이불, 베개, 옷, 속옷, 가방, 치약, 칫솔, 비누, 빗, 이어폰, 청소기, 자동차, 침대, 소파, 식탁, 볼펜 등등 내가 접촉하고 사용하는 모든 사물이 나의 감사의 대상이다. 찾으면 찾을수록 무한한 감사의 대상이다.

자연에 관해서도 감사할 수 있다. 물, 공기, 바람, 구름, 나무, 풀, 꽃, 돌, 산, 동물, 우주의 원칙과 자연의 법칙과 보이지 않는 부분의 자연이 주는 이로움 등도 다 감사할 대상이다.

대상 : 나 자신- 실패했을 때 나 자신

아내가 헬스클럽 내 에어로빅 모임에서 회비를 1만 원 걷기 위해 문자메시지가 왔다고 전화가 왔다. 문자메시지의 내용은 총무에게 1만 원을 보내주면 되는 것인데 회원이 많기 때문에 꼭 아내의 이름을 넣어서 보내주라고 부탁했다. 나는 알겠다고 대답하고 바로 송금을 해야 하는데 하던 일이 있어 미루다 아내의 확인 전화를 받고 급히 송금하게 되었다. 서두르다 보니 그냥 내 이름으로 보내고 말았다. 아내에게 전화해서 실수로 그만 내 이름으로 송금했다고 미안하다고 했다. 아내는 몇 번을 실수하냐며 서운한 음성으로 전화를 끊었다. 전화를 끊고 나니, 나 자신에게 화가 났다. 나는 왜 이리 실수가 잦은 줄 모르겠다. 순간 나 자신을 자책했다. 기분이 상했다. 나 자신이 한심했다.

우선 나 자신을 다시 돌아봤다. 크게 심호흡을 했다. 나를 내가 사랑해주지 않으면 누가 나를 사랑하겠는가? 먼저 나를 사랑하자! 내 생각을 뒤집었다. 빈대떡을 뒤집듯이 반대쪽으로 생각을 뒤집었다.

내가 나를 격려해주어야 한다. 자신을 끊임없이 격려해주자! 내 안에 있는 무한한 능력이 열매를 맺을 수 있게 말이다.

다음에는 더 잘할 수 있다. 점점 더 나아지고 있다. 지금 이 순간을 즐기자! 부족한 것을 알고 인식하고 나니 더 진보하고 발전할 수 있는 부분이 생겼다.

'나의 실수와 실패한 부분으로 인해 감사합니다. 부족한 부분을 보여주셔서 감사합니다. 이 부족한 부분이 이제부터는 더 온전케 될 수 있음을 보여주셔서 감사합니다. 하나님이 보여주시고 깨닫게 해주시지 않았다면 배울 수 없었습니다. 감사합니다.'

기분이 좋아졌다.

대상 : 아내

오늘은 일근 근무 날이다. 새벽 출근을 해야 했다. 새벽에 출근할 물건을 챙긴다. 그중 하나가 점심 도시락이다. 도시락을 가지고 다닌 것이 벌써 몇 년이 되었다. 코로나19로 인해 식사하기가 어려워지게 되었을 때부터 도시락을 싸게 되었다. 이제는 매번 출근할 때마다 도시락을 싸서 다닌다. 도시락을 펴서 밥을 먹으면 직장동료들이 12첩 반상에 왕의 식사라고 말을 하며 좋은 뜻으로 놀리고는 한다. 도시락 반찬뿐 아니라 서너 가지 제철 과일에 삶은 계란, 찐 고구마, 집에서 만든 빵, 집에서 만든 유자차와 모과차 등 간식까지 계절과 사정에 따라 정말 정성스럽게 도시락을 준비해준다. 그것도 식사할 때 누가 곁에 있게 될지 모른다며 항상 함께 먹을 수 있도록 넉넉하게 준비해준다.

처음에는 함께 있는 동료 네 사람 몫까지 도시락을 싸주어 네 명이 모여서 식사했지만 서너 달이 지나자 미안하다며 동료들이 극구 사양해서 지금은 나 혼자 도시락을 먹는다.

몇 년째 도시락을 싼다는 것은 정말 대단한 사랑과 정성이다. 아내는 몇 년째 항상 잊지 않고 도시락을 싸주고 있다. 그런데 도시락을 싸주는 것이 당연하다는 생각이 들면 감사하는 마음이 신기하게 사라진다. '당연히'라고 여기는 순간에 감사하는 마음은 곧바로 사라지고 만다. 다시 새삼 느낀다. 영양과 사랑과 정성이 가득한 음식을 먹을 수 있다는 것은 얼마나 감사한 일인지 모른다. 매번 식사할 때마다 아내에게 감사하는 마음을 가지고 감사하는 태도로 식사를 한다.

대상 : 다이소에서 물건을 산 일

다이소에서 물건을 사야 할 것이 몇 가지 있었다. 오늘 의정부역에 도착하는 시간이 9시 30분 정도였다. 의정부역 다이소는 오픈 시간이 오전 9시부터였다. 딱 맞게 시간을 활용할 수 있었다. 기다리든지 다른 곳에서 물건을 사야 했는데 감사하게도 기다리는 시간이 조금도 없게 되었다. 사고 싶은 물건도 꼭 필요한 물건 모두 살 수 있게 되어서 감사하다. 물건을 고르면서 여러 물건을 구경하고 꼼꼼히 볼 수 있어서 감사하다. 다이소를 올 때마다 필요한 물건들의 값이 저렴해서 감사하다. 쇼핑하기에 편리하고 물건이 잘 정리되어 있어

서 감사하다. 갈수록 물건들이 점점 더 다양하게 준비되어 있는 것
도 감사하다.

대상 : 사물 – 독서실

오늘 출근하고 시간표를 보니 점심 식사 후에 여유가 있었다. 점
심을 먹고 1층에 독서실로 내려갔다. 조용하고 아늑한 분위기의 독
서실이 있어 너무도 감사했다. 다른 사람의 방해를 받지 않고 마음
껏 책을 볼 수 있어서 감사하다. 이렇게 조용하게 글까지 쓸 수 있는
공간이 있다는 것이 얼마나 감사한지…. 감사하고, 또 감사하다.

대상 : 사물 – 물컵

매일 물을 마실 수 있게 해주는 물컵에 감사한다. 이 컵으로 물도
마시고 단백질을 보충하기 위해 산양유와 미숫가루와 두유를 함께
탄 것을 마신다. 감사하다. 이 컵을 사용할 때마다 기분이 좋아진다.
기분이 좋아지게 되는 것도 감사하다.

이 컵은 검은색으로 예쁜 로고가 그려져 있다. 볼 때마다 미소가
지어지면서 감사하다. 스테인리스 재질의 일반 머그잔보다 조금 크
고 한 손에 쥐는 잡는 느낌이 좋다. 행복하고 감사하다. 마실 때 입을
컵에 대는 순간의 느낌과 적당한 두께의 촉감이 좋다. 감사하다. 한
잔을 마실 물도 두 번 마시게 한다. 나는 물을 마시는 습관이 안 되
어 있는데 이 컵으로는 물을 더 마실 수 있게 해준다. 감사하다. 이
물컵은 뚜껑이 있어서 위생적이면서도 편리하다. 따뜻한 물을 마시

기에도 좋고 시원한 물을 마시기에도 좋다. 얼마나 감사한지 모른다.

너무 크지도 작지도 않아서 가방 안에 쏙 잘 들어간다. 가방 안에 넣을 때마다 흐뭇하고, 감사하다. 나의 최애 물건은 이 물컵이다. 물건에 과욕을 부리지 않고 이 작은 물컵이 나의 최애 물건이 될 수 있게 해주셔서 감사하다. 주변의 작은 물건 하나도 이렇게 소중하고 귀하다. 우리 주변에는 감사할 것이 너무도 많다. 감사의 대상이 없어 감사를 못 하는 것이 아니라, 내가 감사할 마음이 없어서 감사하지 못하는 것이다.

대상 : 뜻밖의 선물을 받은 것

생각지도 못한 선물을 김태광 대표님으로부터 받게 되었다. 빨간색으로 만들어진 명품 다이어리인데 손수 주문 제작한 것이라 했다. 순간 당황스러웠지만 얼마나 기쁘고, 감사했던지 선물이란 것은 사람을 기쁘게 하고 행복하게 한다. 예상하지 못한 선물은 더더욱 사람을 놀라게 하고 행복하게 한다. 그 선물이 스토리가 있고 마음까지 담은 선물이라면 사람 대부분은 감동할 수밖에 없다. 가격을 떠나서 나만의 특별한 선물을 받고 마음을 담아 표현된 선물을 받는 것은 얼마나 행복한 일인지 모른다. 선물의 가치란 것은 그것을 받는 사람이 그 선물을 가치 있게 여길 줄 알아야 더 가치 있게 빛이 나는 법이다.

우선 하루에 3가지씩만 감사해보자. 감사할 것을 찾아보고 기록해보자. 첫 번째는 사람을 대상으로 찾아보고, 두 번째는 사건과 일에서 찾아보고, 세 번째는 사물에서 한 가지를 찾아보자. 대상을 먼저 찾고 감사하기 시작하면 감사하는 내용을 쓰기가 쉽고 다양하게 감사하는 표현을 쓸 수 있게 된다. 감사하는 마음을 먹기만 한다면 상상하지 못한 관점으로 시야가 변하면서 감사할 수 있는 많은 것들이 나에게 보이기 시작할 것이다.

감사한 이유를
구체적으로 쓰자

감사일기를 쓰는 세 번째 원칙은 이유를 구체적으로 쓰는 것이다. 왜(Why) 감사해야 하는지를 알면 알수록 감사하는 것이 분명해지고 쉬워진다. 이유가 분명하면 분명할수록 쓰기도 쉬워지고 습관으로 만들기가 쉽다.

나는 지금은 건강한 몸을 가지고 있다. 나름대로 열심히 운동도 했고 자신을 잘 관리해 오고 있다. 달리기를 통해서 몸무게도 12kg를 감량했다.

나는 태어날 때부터 몸이 약했다. 키도 작고 마르고 체형이 약골로 태어났다. 집안의 건강 가족력도 좋지 못했다. 어머니는 장이 약하시고 아버지는 혈압이 높으셨다. 직계가족 중에 고혈압으로 인해 뇌출혈로 사망하신 분이 5명이나 된다.

어렸을 때의 나는 환절기마다 감기를 끌어안고 살았던 기억이 난다. 병원에 가면 편도선 비대증이라고 했다. 감기에 걸리려고 하면 벌써 편도선이 붓기 시작하고 심해지면 고열에 침을 삼키기가 힘들 정도였다. 열은 38℃까지 올라가서 내려올 줄을 몰랐다. 고열과 몸살까지 오면 아주 힘들었다. 그래서 어머니는 초등학교 4학년 때 편도선 비대증 제거 수술을 하자고 제안하셨다. 나는 겁이 많고 무서움을 많이 타서 싫다고 도망을 쳤다.

어느 날부터 나는 결심했다. 내가 건강하게 사는 길은 이 가족력에서 탈출하는 것이다. 이 한계 안에 더 이상 머물러 있을 수 없다. 약한 몸으로 태어났고 건강하지 못한 가족력으로 인해서 필사적으로 운동하고 식생활을 개선할 수밖에 없었다. 강력하게 낭떠러지로 몰아넣으신 배경으로 인해 감사한다. 그렇지 않았으면 운동도 몇 번 노력하다가 쉽게 포기했을 것이다. 나에게는 해도 되고 안 해도 되는 문제가 아니라 운명적으로 할 수밖에 없도록 선택하게 만들어주신 것에 대해 너무나 감사하다. 건강의 소중함을 깊이 깨달았기 때문에 지금의 나를 만들 수 있었고 끝까지 포기하지 않게 되었다고 믿는다.

15년 전에는 요로결석에 걸려 응급실에 실려간 적도 있었다. 요로결석은 평소에 물을 마시는 습관이 없었기 때문에 생길 수 있는 병이라고 했다. 고통의 강도는 임산부가 해산하는 고통에 비할 수 있다고 하셨다. 얼마나 아팠던지 밤에 응급실로 실려가서 진통제 주사를 두 대 맞고 스포츠음료를 많이 마시면 혹시 소변으로 결석이 배출될 수도 있다 해서 음료를 많이 마시고 잠깐 잠이 들었다. 감사하게도 수술하지 않고 결석이 오줌과 함께 밖으로 나왔다. 이때부터 감사하게 물을 마시는 것이 얼마나 중요한지를 깨닫고 물을 마시는 습관을 들이게 되었다. 어릴 때부터 지금까지의 삶에서 건강하다는 것이 얼마나 감사한지 나는 더욱 깊이 와닿는다.

Why? : 착한 맛집을 만나게 해주셔서 감사

아들 영준이가 이사해서 새로 준비해야 하는 가구들과 정리해야 할 것들이 많았다. 일을 늦게까지 하다 보니 저녁 식사 시간이 훌쩍 지났다. 아내가 맛있는 소머리국밥을 먹자고 했다. 평소 같았으면 집 근처에 있는 단골 소머리국밥집에 가면 된다. 그러나 여기 부천에서는 어디 집으로 가야 할지 몰랐다. 네이버로 검색해서 한 집을 찾았다. 그 집이 신중동에 있는 '조박사소머리국밥' 집이었다.

건강한 먹거리를 위해 정직과 성실과 열정을 느낄 수 있었다. 고객을 위해 신경 쓰는 모습이 감사하다. 착한 가격에 맛도 좋았다. 국물이 얼마나 진한지 숟가락이 입천장에 딱딱 달라붙는다. 사장님 부부가 친절하고 따뜻한 미소도 식사를 더 맛있게 했다. 방문한 시간도 조금만 늦었어도 식사를 못 했을 텐데 이런 좋은 식당을 만나게 된 것이 감사하다. 얼마 후에 더 좋은 장소로 이전한다고 하셔서 전화번호를 남겨 드렸다. 이전한 곳을 다시 방문했더니 단번에 알아보시며 반겨주셨다. 감사하다. 작은 화분 하나를 아들 영준이가 선물로 드렸다. 조그만 선물을 감사하며 받으시는 모습을 보니 또 감사하다.

이런 착한 식당은 초심을 잃지 말고 대박 나서 오래오래 유지해 주셨으면 좋겠다. 다음에도 또 찾아가고 싶은 식당이 있어 감사하다. '조박사소머리국밥 신중동점' 사장님 부부에게 다시 한번 감사드린다.

Why? : 옷 가게 주인 김형준 CEO의 마인드

아내와 나는 자주 여행을 떠난다. 아내는 예쁜 그릇을 좋아하고 자연을 좋아한다. 그래서 시간이 나면 가까운 근교에 있는 용문산에 자주 가는 편이다. 용문산 근처에 있는 리조트에서 1박 2일 여행을 하고 돌아오는 길에 우연히 예쁜 옷 가게 하나를 발견했다. 상당히 크고 깨끗한 매장이었다. 젊은 친구가 사장이었다. 첫인상이 참 좋았다. 목소리와 태도가 호감이 가는 사장님이었다. 방문한 고객에게 친절할 뿐 아니라 편안하게 대화하고 고객의 필요를 잘 만지는 것이 인상적이었다. 그 후로 자주 방문하는 단골손님이 되었다. 항상 예의 바르고 생각이 바르고 태도가 바른 청년 CEO다. 30대 청년의 생각이 너무도 어른스럽고 자기 주관과 자기관리를 잘하고 있다. 갈 때마다 기분이 좋고 또 가고 싶은 그곳에 머물러 있는 시간을 행복한 시간으로 만들어주는 김형준 사장님께 감사하다.

Why? : 정문혁 차장님의 마음

오랜만에 만난 정문혁 차장님은 함께 방을 사용하는 동료들이 새벽 출근 때문에 전날 사무실에 나와서 자는 것을 미리 파악하고 토스트 3개를 사왔다. 아침을 먹지 못한 것을 알고 항상 챙겨주고 배려해주는 마음에 감사하다. 그것뿐 아니라 오후에는 독서실에서 글을 쓰고 있는 나에게 찾아와서 시원한 모히토 한 잔을 사 와서 전해주셨다. 지나가는 말로 한 말도 허투루 듣지 않고 기억해준다. 다른 사람의 한마디 말로 소중히 여겨주는 그 마음이 너무도 감사하다. 배려와 나눔의 마음은 사람의 마음을 따뜻하게 하고 감동하게 한다.

Why? : 간절한 한별이의 태도와 마음

한별이는 나와 함께 노는 것을 좋아한다. 오늘도 애절하고 간절하고 절실한 마음으로 함께 하고 싶은 마음이 느껴졌다. 며칠 전부터 한별이에게서 전화를 받았다. "혀니! 어디야, 나 지금 가두되? 지금 혀니 집에 가고 싶어!"라고 전화가 왔다. 몇 번 전화가 왔지만 그때마다 출근해야 하는 상황이라 만나지 못했다. 오늘은 회사에서 퇴근하려고 할 때 또다시 전화가 왔다. "혀니, 어디야? 혀니! 나 혀니 집에 가도 돼?" "오늘은 퇴근 후에 운동하려고 했는데 운동 후에 만날까?"라고 말하니 " 아니, 오늘은 운동 가지 말고 나와 놀아주면 안 돼?"

그 말에는 간절함과 애절한 마음이 담겨 있었다. 나는 한별이의 마음을 만지고 나서 즉시 알겠다고 대답하고 운동하는 것을 포기했다. 나를 찾아주고 나를 찾는 한별이가 있어 감사하다. 고맙다. 내가 필요한 사람이 있다는 것을 느끼게 해준 한별이에게 감사하다.

내가 누군가에게 꼭 필요한 존재고, 소중한 존재임을 깨닫게 해주는 전화였다. 감사하다.

Why? : 헬스클럽 PT 코치 최병용 강사의 열정과 정성에 대한 감사

운동하기 위해서 얼마 전에 헬스클럽 1년 회원권을 등록했다. 그러면서 PT를 2번 무료로 받을 기회가 있었다. 처음에 안배된 PT 코치는 나와 소통이 잘되지 않는 것 같아서 몇 번 망설이다가 센터 측에 코치를 바꿔달라고 요청했다. 그렇게 안배된 PT 코치와 2번의 PT를 받았다. 내가 부족한 부분과 필요한 부분, 나의 운동시간과 근력과 식단까지 도움을 받을 수 있었다. 앞으로도 계속 PT를 지도받으면 좋을 것 같았다. PT 코치의 열정과 진심이 만져졌다. 최선을 다해서 정성을 다해 나를 도와주려는 마음이 전해졌다. 항상 예의 바르고 웃는 얼굴과 긍정적인 자세로 인사하는 모습도 보기 좋았다. PT 코치의 적극적인 마음가짐과 태도에 감사함을 느낀다. 마음에 맞는 좋은 코치를 만나게 된 것도 감사하다.

Why? : 스피닝 김수철 강사님의 전문성과 성실함에 감사

헬스클럽에 가입하고 나서 많은 프로그램 중에 남자들이 참가할 수 있는 유일한 수업이 스피닝이다. 항상 유리창 밖에서 운동하는 모습과 음악 소리를 들을 때마다 나도 한 번 도전해보고 싶은 갈망이 있었다. 그런데 남자분이 거의 없다. 남자 강사님을 가끔 지나가다가 보니 너무 열정적으로 하시는 모습이 너무 멋있게 보였다. 그래서 용기를 내서 스피닝에 도전하기로 마음을 먹고 스피닝 수업을 참석했다. 김수철 강사님은 10년 이상 스피닝을 하고 있었다. 신곡을 준비해서 시범을 보이실 때면 빠르고 어려운 동작을 완벽히 해내신다. 그러면 저절로 기립박수가 나온다. 10년 이상 한 가지 일을 꾸준히 해오고 있는 사람을 전문가라고 말한다. 강사님은 전문가로서 성실하게 힘을 다해서 오전에 세 타임 수업하시는 것을 보면 존경하는 마음이 생긴다. 모든 일에 최선을 다하고 전문성을 가지고 성실하게 자신의 분야에서 일하시는 강사님에 대해 감사하다.

Why? : 헬스클럽의 같은 회원 경란 씨의 나눔과 베풂에 감사

헬스클럽에는 스피닝, 에어로빅, 줌바. 방송 댄스, 요가 등 다양한 프로그램이 있다. 아내는 에어로빅과 줌바와 요가 수업에 주로 참여한다. 아침 9시에 첫 에어로빅 수업이 있다. 힘들 때는 참석하기 싫기도 하지만, 한 회원의 우렁찬 구령 소리와 열정이 넘치고 파워가 있는 동작을 보면 저절로 힘이 난다고 나에게 자주 말해 주던 사람이 있었다. 그분이 경란 씨였다.

나도 처음으로 스피닝 수업에 참여하면서 경란 씨의 구령 소리를 직접 듣게 되었다. 단전에서 나오는 힘차고 우렁찬 목소리는 강력한 에너지를 뿜어냈다. 항상 밝은 에너지는 인사할 때도 눈 맞춤을 하면서 밝게 인사하는 모습에서도 느낄 수 있다. 참 밝고 기분 좋은 에너지를 헬스클럽에 전해주는 사람이다.

하루는 예쁜 포장지에 직접 손으로 뜬 수세미와 포카리스웨트를 회원 25명 전원에게 선물로 주었다. 평소에 좋은 에너지를 주는 것만으로도 감사한데 이런 선물을 회원 모두에게 주다니! 너무도 감사하다. 전에도 몇 번이나 사랑의 선물을 받았던 아내가 마침 경란 씨에게 감사한 마음으로 작은 선물이라도 주었으면 좋겠다고 해서 천안에서 사 온 호두과자를 선물했다. 그리고 안내받은 한정식 식당에서 예쁘게 차린 맛있는 음식을 대접하면서 많은 대화를 나누었다. 역시 따뜻하고 넉넉한 사람이었다. 섬김이 몸에 배어 있었다. 서로 나누며 살 줄 아는 귀한 사람을 만나게 되어 감사하다.

항상 베풀고 나누는 마음을 가진 경란 씨는 받아 넉넉하게 되고 더 풍성하게 될 것이다. 함께 나눌 수 있는 기쁨을 누리게 해주셔서 감사하다.

7080 복음성가 최영희 님의 〈사랑은 참으로 버리는 것〉의 가사 중에 이런 내용이 있다.

"사랑은 참으로 버리는 것 / 버리는 것 버리는 것
사랑은 참으로 버리는 것 / 더 가지지 않는 것
이상하다 동전 한 닢 / 움켜잡으면 없어지고
쓰고 빌려주면 풍성해져 / 땅 위에 가득하네
오! 사랑은 참으로 버리는 것 / 버리는 것 버리는 것
사랑은 참으로 버리는 것 / 더 가지지 않는 것"

6세 때부터 교회에 다녔던 나는 지금도 이 복음성가 가사가 정확히 생각이 난다. 그때는 아무 생각 없이 재미있게 친구들과 부르던 복음성가였는데 지금 나에게 가사 하나하나가 진리가 되었다.

사랑은 참으로 버리는 것이 무엇인지 이제야 깨닫게 된다. 사랑은 버릴 때 실제가 된다. 사랑은 가지는 것이 아니라 버리는 것이다. 사랑을 물질의 한 표현인 동전 한 닢으로 표현했다. 동전 한 닢은 잡으면 없어지고 쓰고 빌려주면 풍성해져 땅 위에 가득하다. 사랑은 말로 하는 것이 아니라 사랑을 나타내는 보이는 동전 한 닢과 같다. 감사도 똑같다. 감사도 보이지 않지만, 감사의 표현도 보이는 동전 한 닢과 같다. 감사를 움켜잡지 말고 쓰고 빌려주면 땅 위에 가득한 것을 체험하게 된다. 감사하는 실제를 경험하게 된다.

여기에서 핵심은 비우는 것이다. 비워져야 채워진다. 비우지 않으면 채워질 수가 없다.

지금 행복한가? 행복이 당신 안에 가득 차 있는가? 행복을 채우고 마음 안에 행복으로 풍성해지는 것은 바로 내 안을 비우는 것이다.

행복이 들어갈 공간을 열어주는 것이다. 행복도 감사도 사랑도 보이지 않지만 보이는 표현인 하나의 동전 한 닢과 같다. 동전 한 닢을 쓰고 빌려주면 나누면, 베풀면, 내 안에 행복이, 감사가, 사랑이 가득 차게 되어 있다.

물질을 흘려보내고 동전 한 닢을 밖으로 흘려보내는 순간 내 속은 내 삶은 풍요로 가득 차게 된다. 모든 것이 감사한 이유다.

감사하는 대상을 찾고 감사하는 마음으로 감사하는 감정을 가지고 감사하는 이유를 생각해 보자! 감사가 넘치고 행복이 넘치고 사랑이 넘치게 될 것이다. 감사하다. 이 비밀의 진리를 깨닫게 해주셔서 감사하다.

아주 사소한 것에서
감사를 찾아라

감사일기를 쓰는 네 번째 원칙은 매일 매 순간 아주 사소한 것부터 감사한 것을 찾는 것이다. 감사는 매일, 모든 순간 감사에 대해 알아차리고 감사를 찾아내는 것이다.

엄남미 작가의 《기적을 만드는 감사메모》라는 책에서 하루 5분의 중요성을 깨닫게 되어 감사하다. 24시간은 1,440분이고 86,400초다. 그중에 300초 안에 인생의 질이 달라진다는 것을 알게 되었다. 감사하다. 하루하루가 소중하고 하루하루의 삶이 소중하다는 것을 깨닫게 되었다. 인생은 시간으로 되어 있다. 한순간, 한순간이 모여 나의 인생이 된다. 1초, 1초가 소중하다. 1캐럿의 다이아몬드는 귀하게 여기면서, 금 1돈은 귀하게 여기면서, 1초는 소중하고 귀중하게 여기지 않는가?

엄남미 작가의 또 다른 책 《기적의 1초 습관》에서는 "아침마다 일어나서 행복하다고 감사 인사를 하게 만드는 힘의 근원은 1초다. 지금의 상황을 개선하기 위해 평소보다 딱 1초만 일찍 일어나서……"라며 우리의 삶에서 기적을 만드는 시간은 딱 1초면 된다고 말하고 있다.

1초가 없으면 1분이 없고 1분이 없으면 1시간이 없다. 1초의 기적을 체험하는 길을 선택하자! 이 책에서 기적을 만드는 8가지 습관 중에서 첫 번째 습관이 명상이다. 나는 요새 나오는 많은 책에서 명상이란 단어가 많이 나온다는 것을 볼 수 있었다. 나도 이 '명상'이 핵심 키워드라는 것에 절대적으로 공감한다.

김주환 교수의 《회복탄력성》이란 책에서 회복탄력성 향상을 위해서는 두 가지 습관이 있는데 하나는 마음의 좋은 습관인 감사하기이고 다른 하나는 몸을 위한 좋은 습관인 운동하기다. 긍정성 향상에 있어서 가장 강력하고도 지속적인 효과를 나타내는 것이 '감사하기'다. 그리고 최근에 나온 김 교수의 《내면 소통》에서도 삶의 변화를 가져오는 마음 근력 훈련의 핵심은 모든 두려움에서 완전히 벗어나는 것이라고 말한다. 가장 핵심 키워드는 바로 명상이다. 700페이지가 넘는 두꺼운 책에 많은 부분을 명상에 관한 내용으로 다루고 있다. 실패를 두려워하지 않는 마음 근력은 바로 명상에서 나온다.

남경흥 작가의 《허공의 놀라운 비밀》이란 책에서도 명상은 마음 비우기 연습 중 으뜸이라고 말한다. 마음을 비워야 무의식이 작동한다. 여기에서 호흡명상의 중요성을 말하고 있다.

내가 원하는 것을 채우기 위해서는 반드시 비워져야 한다. 비울 때 비로소 채워질 수 있다. 명상과 호흡은 나를 비워내는 작업이다. 숨을 들이마셨다 내쉬는 1초만으로도 명상이 된다. 명상은 비우는 것부터 시작이다. 호흡을 통해서 나를 청소하고 우주 에너지를 공급받게 된다. 1초, 1초를 비우고 새로운 것으로 채우는 것이다. 인생은 명상이다. 삶 자체가 명상이자 기도다. 나의 삶 자체가 명상이고 기도로 사는 것이다. 순간순간 아주 사소한 것에서부터 생각을 멈추고 호흡으로 내보내고 새로운 에너지를 받아들이는 것이다. 감사하는 관점으로 모든 사물과 사람을 대해 감사하는 순간을 찾아내는 것이다.

아주 사소한 것에서 감사를 찾아보기 – 감사 내용 100가지

1. 새벽에 일찍 일어나게 해주셔서 감사합니다.

2. 충분한 수면 시간을 허락해주셔서 감사합니다.

3. 매일 일어날 수 있게 도움을 주는 스마트폰 알람 기능에 감사합니다.

4. 포근한 이불 덕분에 잠을 깊이 잘 수 있어 감사합니다.

5. 잠을 깊이 자게 해주는 좋은 베개가 있어 감사합니다.

6. 적당하게 체온을 보존해 주는 부드러운 촉감의 잠옷이 있어 감사합니다.

7. 누울 수 있는 아득한 방이 있어 오늘도 기분 좋게 하루를 시작하게 되어 감사합니다.

8. 튼튼한 침대로 쾌적한 잠을 잘 수 있어 감사합니다.

9. 항상 함께 자고 함께 일어나는 동반자 아내가 있어 감사합니다.

10. 튼튼하고 디자인도 이쁘고 물건도 많이 수납할 수 있는 출퇴근 가방이 있어 감사합니다.

11. 땀이 많은 나에게 뽀송뽀송하게 기분 좋은 느낌을 주는 양말에 감사합니다.

12. 세련된 디자인의 겉옷을 주셔서 감사합니다.

13. 쌀쌀한 날씨에 딱 맞는 따뜻함을 선물해주는 스웨터에 감사합니다.

14. 전에 바지가 작아서 입을 때 답답했는데 살이 빠져서 딱 맞게 해주셔서 감사합니다.

15. 몸무게 12kg을 감량해서 옷을 입을 때 멋진 모습을 만든 나에게 감사합니다.

16. 멋진 몸매, 체형을 만들 수 있게 도와준 아내에게 감사합니다.

17. 멋진 몸을 만들게 해주신 하나님께 감사합니다.

18. 운동모자를 잃어버렸는데 마음에 드는 모자를 만나게 해주셔서 감사합니다.

19. 나에게 딱 어울리는 모자를 사준 아내에게 감사합니다.

20. 추운 날씨에 모자가 보온 역할을 해주어 감사합니다.

21. 코레일 연수원에서 준 마스크 줄에 감사합니다. 예쁜 파란색 색깔과 코레일 로고와 인재개발원 글씨가 너무 잘 어울리는 마스크 줄을 선물로 주셔서 감사합니다.

22. 아내의 제자 중에 한 분이 선물해주신 다양한 색깔의 마스크로 인해 감사합니다. 다른 마스크보다 더 많이 사용하고 애착이 가는 마스크로 인해 감사합니다.

23. 좋은 마스크를 선물로 주신 제자 분에게 감사합니다.

24. 재질도 좋고 크기도 적당하고 색깔과 향기도 좋은 마스크 덕분에 기분 좋은 아침을 시작하게 해주어서 감사합니다.

25. 항상 목에 걸고 다니는 코레일 사원증을 넣는 케이스에 감사합니다. 몇 번 사원증을 잃어버렸는데 케이스와 줄 덕분에 사원증을 잃어버리지 않게 해주어 감사합니다.

26. 《초인독서법》 책에 감사합니다. 새로운 독서의 길을 열어주어 감사합니다.

27. 파란색 볼펜을 사용하면 내용이 더 잘 보이고 잘 정리할 수 있어 파란색 볼펜에 감사합니다.

28. 새로 산 감사노트에 감사합니다. 크기도 적당하고 글을 쓸 때 느낌도 좋은 감사메모장 덕분에 기분이 좋아집니다. 감사합니다.

29. 새로 읽고 있는 책 《기적을 만드는 감사메모》에 감사합니다. 감사에 대한 새로운 인식을 갖게 해준 책 덕분에 감사를 더 많이 알아차리게 되어 감사합니다.

30. 《기적을 만드는 감사메모》 책을 써 주신 엄남미 작가님에게 감사합니다. 감사에 대한 좋은 체험과 경험이 담긴 책을 읽게 해주셔서 감사합니다.

31. 양질의 단백질을 공급해 주는 계란에게 감사합니다.

32. 먹을 때마다 맛있고 포만감을 주는 바나나에게 감사합니다.

33. 간편하게 먹을 수 있고 맛도 좋은 김밥에게 감사합니다.

34. 음악과 강의를 들을 수 있는 편리하고 유용한 블루투스 이어폰에게 감사합니다.

35. 달리기할 때 가장 좋은 쿠션감과 색깔이 여러 가지 있어 어느 옷에도 잘 어울리는 아디다스 운동화에게 감사합니다.

36. 언제든지 쉽게 먹을 수 있는 간식인 요플레에 감사합니다.

37. 에버라인 첫차를 타게 해주셔서 감사합니다. 열심히 달려서 첫차를 타게 된 것에 감사합니다.

38. 빨리 달려서 첫차를 탈 수 있는 체력을 주셔서 감사합니다.

39. 건강한 근력과 체력을 가진 나에게 감사합니다.

40. 출퇴근하는 1시간 30분에 감사합니다. 그 시간으로 인해 내가 살아 있고 존재하는 것을 더 강하게 느낄 수 있어서 감사합니다.

41. 에버라인 경전철에 감사합니다. 안전하게 나를 목적지까지 데려다주어서 감사합니다.

42. 에버라인 경전철에서 보이는 풍경에 감사합니다. 자연의 아름다운 풍경이 마음까지 정화시켜주니 감사합니다.

43. 전철을 타고 가면서 수면에 대한 새로운 호기심이 생기게 해주셔서 감사합니다.

44. 전철이 쾌적해서 집중해서 책을 볼 수 있는 환경을 주어서 감

사합니다.

45. 서서 이동할 때 좋은 아이디어와 영감을 주어서 감사합니다.

46. 이동 거리는 길지만 짧게 4번을 갈아타면서 지겹지 않게 해주셔서 감사합니다.

47. 3시간 출퇴근 시간을 책을 읽거나 글을 쓰는 데 사용할 수 있어서 감사합니다.

48. 코레일이라는 좋은 직장에 다니게 해주셔서 감사합니다.

49. 코레일 중에서도 구로열차승무사업소에서 차장의 업무를 할수 있게 해주셔서 감사합니다.

50. 좋은 동료들과 함께 일할 수 있어서 감사합니다.

51. 나에게 돈도 벌 수 있고 삶의 의미를 찾을 수 있게 도움을 주는 직장이 있어 감사합니다.

52. 철도에 먼저 몸담고 계셔서 그 길을 따라갈 수 있게 해주신 아버지께 감사합니다.

54. 좋은 직장을 다닐 수 있게 연결고리가 되어준 동생 봉규에게 감사합니다.

55. 20년이 넘게 성실하게 직장에 잘 다니면서 수고한 나에게 감사합니다.

56. 공기업으로 좋은 이미지를 만들어주신 코레일 사장님께 감사합니다.

57. 휴가를 원하는 대로 잘 쓸 수 있는 구로열차승무사업소(이하 '구열')에 감사합니다.

58. '구열'을 위해 몸으로 수고하고 애쓰고 계신 서향원 소장님께 감사합니다. 휴일도 출근하셔서 직원을 돌아봐주시는 모습에 감동하고 감사합니다.

59. 함께 힘을 합해서 승무원들을 도와주시고 힘써주시는 '구열' 팀장님들께 감사합니다.

60. '구열'을 위해서 항상 앞장서시고 우리의 인권을 보호해주시는 이경락 지부장님께 감사합니다.

61. 파업할 때나 방에 있을 때 리더로서 조장으로서 잘 이끌어주시는 김승화 조장님께 감사합니다.

62. 항상 나눔과 베풂을 실천하고 밝은 에너지를 선물해주시는 김황현 차장님께 감사합니다. 먹을 것과 마실 것을 가지고 다니면서 교대할 때마다 선물해주시는 나눔에 감사합니다.

63. 모든 면에서 많은 정보를 알려주시고 도움을 주시는 최진배 차장님께 감사합니다.

64. 마라톤을 도전할 수 있게 용기를 주고 계기를 마련해주신 김진식 차장님께 감사합니다.

65. 운동할 때 항상 새로운 정보와 운동요령을 알려주시는 이수호 차장님께 감사합니다.

66. 마라톤에 대해 어떻게 운동해야 할지 전반적인 자세를 잡아주시는 마라톤 코치인 이병문 차장님께 감사합니다.

67. 누구보다 더 '구열'의 모든 교육에 수고하시고 힘써 주시는 황선애 팀장님께 감사합니다.

68. 솔선수범하시며 최선을 다해 열정적으로 수고하시는 최은희 부소장님께 감사합니다.

69. 항상 깨끗하게 방과 우리가 쓰는 시설들을 청소해주시는 분들께 감사합니다.

70. 미술심리 상담치료를 배우게 해주시고 인생의 새로운 길을 인도 해주신 하민철 이사장님께 감사합니다.

71. 웃음 강의할 때마다 힘을 실어주시고 항상 격려와 지지를 응원해주시는 오현미 차장님께 감사합니다.

72. 전철이 레일 위를 달리기 위해 전기, 시설, 토목, 모든 분야에서 보이지 않게 수고하시는 철도 관계자분들에게 감사합니다.

73. 항상 안전 운행을 해주시고 1년 365일 동안 쉬지 않고 전철 운전해주시는 기관사님께 감사합니다.

74. 하루도 쉬지 않고 기차가 달릴 수 있게 모든 열차를 배치하고 안배해주시는 관제센터 직원분들께 감사합니다.

75. 결혼식 준비부터 함께해주실 뿐 아니라 마음으로 항상 응원해주시고 축가도 불러주신 방영섭 가수님에게 진심으로 감사하는 마음을 전합니다. 감사합니다.

76. 맑은 하늘을 보며 나의 마음도 맑고 푸르게 동일시하게 해주셔서 감사합니다.

77. 파란 하늘 속에 흰 구름이 나의 마음을 기분 좋게 해줍니다. 아름다운 모양의 흰 구름에 감사합니다.

78. 터널을 지날 때마다 나에게도 터널이 있지만, 반드시 터널의

끝이 있다는 것을 보게 해주셔서 감사합니다.

79. 스크린 도어 고장으로 차가 많이 지연됐지만, 평상시에 고장 없이 다닌 것이 얼마나 감사한지 깨닫게 되어 감사합니다.

80. 정거장을 지날 때마다 나에게도 수없이 많은 인생의 정거장 이 있다는 것을 새롭게 보게 해주셔서 감사합니다.

81. '지적 확인, 환호 응답'을 하면서 일상생활도 이것을 적용할 때 정확한 의사소통을 할 수 있는 안전장치였음을 알게 되어 감사합니다.

82. 항상 근무를 잘 바꿔주시는 방광욱 차장님께 감사합니다.

83. 안전하게 교대해주시고 맡은 바 일을 성실하게 하고 계신 차 장님께 감사합니다.

84. 오늘도 코레일을 이용해주시는 고객님들께 감사합니다.

85. 항상 활력이 넘치고 삶에 에너지를 공급하고 계신 스피닝 김 수철 강사님 감사합니다.

86. 인천역에 도착하면 청소하시는 남자분 덕분에 감사하게 됩니 다. 항상 밝은 웃음으로 큰 목소리로 인사해주시는 모습이 아 름답습니다.

87. 항상 먼저 선물을 보내주고 인사를 잘하는 막냇동생 봉재와 제수씨에게 감사합니다.

88. 큰아들 노릇을 하지도 못하고 어머니를 잘 섬기지 못했어도 항상 먼발치에서 사랑으로 대해 주시는 어머님께 감사합니다.

89. 아이 둘을 잘 키우고 잘 살아주고 있는 동생 봉규와 제수씨에

게 감사합니다.

90. 소리 없이 항상 먼저 움직이고 섬기는 자세가 되어 있는 직장 동료 정문혁 차장님께 감사합니다.

91. 책을 쓸 수 있게 항상 동기부여 해주시고 목숨을 걸고 진실하게 코치해주시며 의식 수업을 통해 의식에 대해 깨닫게 해주고 계신 김태광 대표님과 권동희 대표님께 감사드립니다.

92. 사랑하는 감정을 항상 새로운 언어로 새로운 표현으로 감동을 주는 한별이로 인해 감사합니다.

93. 항상 맛있는 음식을 만들어주기 위해 열심히 배우고 계시는 제희숙 자매님으로 인해 감사합니다.

94. 내가 감사하는 습관에 대해 말하면 즉시 반응해주고 적용해서 사는 아들 영준이에게 감사합니다.

95. 언제나 변함없이 좋아해주고 사춘기를 지혜롭게 넘기며 예의 바르게 자라주고 있는 손녀 선영이, 아영이로 인해 감사합니다.

96. 생각이 깊은 딸 수정으로 인해 감사합니다. 엄마와 나에 대해서 많은 말을 하기보다는 항상 행동으로 소리 없이 실행으로 섬기고 있는 수정이에게 감사합니다.

97. 어려운 관계임에도 항상 예의를 지키며 열심히 살려고 노력해주는 사위 주원이가 있어 감사합니다.

98. 사랑하는 아내에게 감사합니다. 함께할 수 있는 것이 얼마나 감사한 일인지. 함께 공부할 수 있고, 함께 운동할 수 있고 함

께 쇼핑할 수 있고 함께 여행하고 함께 밥을 먹을 수 있는 이 모든 것들이 감사합니다. 영과 혼과 몸을 흠 없게 보존할 수 있도록 세심하게 동역해주는 아내로 인해 감사합니다.

99. 지금까지 잘 살아온 나 자신에게 감사합니다.

100. 나의 생명과 창조의 근원이신 하나님께 감사드립니다.

자신의 스타일로
자유롭게 쓰자

감사일기를 쓰는 방법 다섯 번째는 자신의 스타일로 자유롭게 쓰는 것이다. 어떤 형식과 틀을 가지고 말고 다른 사람의 감사일기를 참고로 하되 자신에게 맞는 방법을 사용하는 것이 가장 좋다. 정답도 없고 원칙도 없다. 자신이 가장 편하고 쉽게 쓸 수 있는 스타일로 쓰는 것이 가장 중요하다. 한 줄로도 써보고 수필을 적어보듯이 써도 좋다. 여러 가지 방법을 사용해 보고 가장 편한 스타일이면 다 좋다. 쓰다 보면 자신의 스타일과 방식이 생긴다.

나만의 감사일기 쓰는 스타일을 하나는 5관으로 감사일기를 쓰는 것이다.

'관념, 관점, 관심, 관찰, 관계'
'5관'으로 감사를 알아차리고 찾아내고 쓸 수 있다.
고정관념을 깨뜨려 새로운 **관점**으로 **관심**을 가지고 마음의 눈으로 제삼자인 **관찰자**의 입장에서 봄으로 **관계**를 회복한다. 5관은 우주의 법칙, 우주의 원리 요약이다. 5관의 법칙은 어떤 상황에서도 감사할 수 있게 만드는 비법이다. 어떤 사람을, 어떤 사물을, 어떤 사건과 일에서도, 감사할 수 없다고 생각하는 모든 것에서도 감사가 나오게 하는 비결이다.

5관은 5가지 단어가 다 중요하지만, 그중에서 가장 핵심 단어는 바로 관찰(觀察)이다. 사물이나 현상을 주의해서 자세히 살펴보는 것으로 적극적인 의도를 가지고 살펴보는 것이다. '관찰일기'라고 해도 좋다. '관찰 감사일기'이다.

1. 관념을 깨부숴라! : 고정관념 깨기, 한계와 틀을 깨기

인생을 바꾼다는 것은 생각을 바꾼다는 것이다. 생각이 변해야 한다. 생각이 변한다는 것은 이전에 가지고 있는 관념을 바꾸는 것이다. 고정관념을 버리는 것이다. 한계가 있다는 고정관념을 깨뜨리는 것이다. 관념은 부정적이고 할 수 없다는 자기 자신을 발견하는 것으로 시작된다. 부정적인 자신과 의식적으로 대면하는 것이다.

김태광 대표님은 저서 《독설》에서 이렇게 말한다.

"이제 한계를 숭상하는 세상의 틀에서 나와야 한다. 세상의 틀에서 아등바등하며 살 때 이미 기득권을 차지한 이들이 만들어놓은 한계라는 유리 천장에 부딪히게 된다. 인생이 달라지기를 바란다면 환경을 바꾸려 하지 말고 의식 수준을 높여라. 의식이 바로 미래를 창조하는 공장이기 때문이다."

한계라는 유리 천장에 부딪히는 순간, 포기하기 쉽다. 하지만 지금부터 시작이라고 말하고 싶다. 한계가 있다는 것은 또 다른 세계가 있다는 확증이기 때문이다. 환경만 바꾸는 것은 소용이 없다. '밖'이 아니라 '안'이다. 의식의 문제다. 의식의 수준을 높여야 한다. 의식은 그릇이다. 더 크고 깊은 그릇은 더 많은 것들을 담을 수 있다. 크게 성공한 사람들의 그릇은 우주를 담을 만한 그릇을 가지고 있는 사람이다. 나 자신의 한계이든 환경의 한계이든 사회적 한계이든 한계를 정하는 순간 의식을 성장시킬 수 없다. 한계는 내가 만든 생각의 감옥이다. 매 순간 새롭게 도전한다. 한계에서 의식을 성장하는 것에 초점을 맞춘다.

2. 관점을 바꿔라! : 보는 관점, 시야, 이전의 생각과 말

이전에 실패만 했다면 앞으로는 내가 했던 것과는 정반대로 한다면 성공할 것이다. 이전에 했던 생각과 말과 행동을 바꾸는 것이다. 새로운 생각과 말과 행동을 바꾸면 관점을 바꿀 수 있다. 생각의 관점을 조금만 바꿔도 세상은 달라진다. 부정적인 시각에서 긍정적인 시각으로 관점을 바꾸는 것이다. 신의 관점으로 보는 것이다. 나 자신만 보는 관점에서 다른 사람을 함께 보는 관점으로 보는 것이다.

목표를 정하고 나면 그것을 이루기 위해서 처음에서 시작한다. 시작 지점이 출발선이다. 그것이 순리고 이치다. 처음이 있어야 끝이 있으니까 말이다. 하지만 이 생각도 관점을 바꿔서 끝에서 시작하는 관점을 갖는다.

얼마 전에 안세영 선수가 한국인 최초로 배드민턴 단식 종목 세계선수권 대회 정상에 올랐다. 남녀 통틀어 한국 선수가 세계선수권 단식 종목을 제패한 것은 처음이다. 안세영 선수가 한국 배드민턴 단식 46년 역사에 처음으로 세계 대회에서 금메달을 딴 것이다. 나는 일요일 밤에 우연히 TV에서 생중계로 메달을 따는 장면을 보게 되었다. 생중계로 볼 수 있었다는 것이 얼마나 감사한지 모른다. 하나의 장면이 내 안에 새겨졌다. 생생하게 우승하는 장면이 나의 뇌에 각인되었다.

나는 1998년 골프 US여자오픈에서 박세리 선수가 맨발 투혼으로 우승하는 모습도 새벽에 생중계로 봤던 것이 생각이 났다. 지금도 그때의 감동은 잊을 수가 없다. 한참 경제적으로 힘든 IMF 때에 박세리의 우승은 우리 모두의 우승처럼 여겨졌다. 한국인 최초 LPGA에서 메이저 대회를 우승한 것이다. 그 우승 장면을 보고 자란 선수들이 10년 후에 세계대회에 우승하면서 같은 위치에 오르는 것을 봤다. 10년 후에 박세리 키즈가 나온 것처럼 앞으로 많은 안세영 키즈들이 배드민턴에서 세계를 제패할 것이라는 기대가 된다. 안세영 선수 같은 사람이 나올 수 있다는 것이다.

〈한책협〉의 김태광 대표님은 작가 최초로 '출판 가이드 시스템'과

'글쓰기 훈련 시스템'에 대해서 특허 출원을 따냈다. 한 가지도 아니고 두 가지나 특허 출원을 한 것이다. 김 대표님은 24년 동안 300여권의 책을 출판하셨다. 그 근거로 12년 동안 1,200여 명의 작가를 배출하셨다.

평범한 사람들이 작가가 되었다. 앞으로도 〈한책협〉을 통해서 더 많은 김태광 키즈들이 빛을 발할 것이다. 작가가 나올 수 있다는 것이다.

최초의 목표한 것에 도달하기는 쉽지 않다. 누군가가 목표한 것을 성취하는 것을 보며 그 뒤를 따라가는 사람은 비교적 쉽다. 최초라는 타이틀을 가진다는 것은 많은 의미를 내포하고 있다. 선구자의 길을 가는 것이다. 아무나 가지 않은 길을 간 것이다. 하나의 본을, 그림을 그려준 것이다. 따르는 사람은 결론을 알고 가는 것이다. 영화의 엔딩을 이미 알고 가는 것이다. 그것도 아주 생생하고 구체적으로 각인된 이미지를 가지고 감정으로도 생생하게 느끼는 것이다.

나는 절판되어 구하기 힘든 책, 김태광 대표님의 《끝에서 시작하라》를 읽게 되었다. 책을 읽으면서 안세영 선수의 우승 장면과 박세리 선수의 우승 장면, 그리고 김 대표님의 최초 특허 출원의 장면이 오버 랩이 되었다. 이 모든 그림이 '끝에서 시작하라'의 결론을 그려내고 있다. '끝에서 시작하는 것'에 대한 생생하고 실제적인 그림이 앞에 있다면 그 길을 가는 것은 이제 아무것도 아니다. 아무도 가지 못했다는 두려움과 의심보다는 '이제 나도 갈 수가 있구나'라는 확신과 믿음이 생긴다. 결과에서 시작하는 것이다. 끝에서 시작하는 것이다. 결론은 알고 시작하는 것이다. 답을 이미 알고 이루어질 것을 알고 시작하는 것이다.

이제 우리가 좀 더 나은 인생, 행복한 인생을 살고자 한다면 원하는 것이 무엇인지 확실하게 알아야 한다. 그래야 하나님과 우주에 정확하게 요청할 수 있다.

이 책에서는 끊임없이 "생생하게 상상하라, 생생하게 느껴라, 생생하게 감정으로 느껴라"라고 말하고 있다. 모든 사람은 내면에는 100조 원의 잠재적인 가치가 감추어져 있다. 이것을 사람들은 깨닫지 못하고 있다. 극소수의 사람들만이 무엇이든 될 수 있고 할 수 있는 전지전능한 힘이 내면에 잠재되어 있다는 것을 알고 있다.

3. 관심이 끌린다! : 마음에서 궁금해지고 호기심이 생긴다

고정관념을 깨고 이전에 바라보는 관점을 바꾸고 나면 새로운 관점에 호기심을 갖게 된다. 관심을 끌게 된다. 우리가 관심을 두는 것은 눈으로만 보는 것에서 마음으로 보는 것이다. 관심은 어떤 것에 마음이 끌려 주의를 기울이는 정서나 감정이다. 주의력이나 흥미가 특정한 사물로 향하는 것이다. 남자가 여자에게 호감을 느끼고 관심을 끌게 되면 뇌는 활발하게 움직인다. 자꾸 웃게 되고 미소가 나오고 질문을 많이 하게 되고 시선을 자꾸 마주치려고 한다. 사소한 부분도 잘 기억한다. 이렇게 우리가 관심을 가지는 것은 남자가 여자에게 관심을 가질 때처럼 자연스럽게 나오는 행동이다. 호감이 생기고 관심이 있으면 상상하지도 못한 것들을 찾아내고 알아차리는 것이 많아진다.

4. 관찰하라! : 제삼자의 입장에서 관찰자로 보라!

남경흥 작가의 《허공의 놀라운 비밀》이라는 책에서 관찰은 제삼자의 입장에서, 관찰자로 보는 것을 말한다.

"관찰자의 입장에서 깊이 바라보면 모든 것이 바뀐다. 그 이유는 양자의 파동적 특성이 발현되는 때는 주변 환경과 완전히 격리되기 때문이다. 관찰자의 눈으로 바라보면 나의 마음, 지능, 몸은 물론 내가 아닌 물질조차 바꿔놓는다. 불교의 수련 방법들은 대부분 제삼자의 입장에서 관(觀)하는데 그 중점을 두고 있다. 민간신앙에서 가장 선호되는 관세음보살 신앙에서 '관(觀)'이 바로 이것이다."

'나'를 '남'으로 바라보는 것이다. 내가 '나'라고 생각하고 보면 자연히 주관이 개입된다. 감정이 들어간다. 반면에 내가 '제삼자'라고 바라보면 객관적으로 바라볼 수 있게 되는 것이다. 이때는 감정을 제거하기 쉽다. 상대와 내가 그 안에서 있을 때는 볼 수 없었던 것이 제삼자가 되면 잘 보인다.

장기 훈수를 둘 때도 제삼자는 잘 보지만, 당사자가 되면 보지 못한다. 평정심을 잃게 되고 감정이 개입되고 마음이 흔들린다. 조바심으로 객관성을 잃어버리기 쉽다. 문제 안에 있으면 문제의 답을 찾기가 어렵다. 하지만 한 발 뒤로 물러나 객관성을 가지는 제삼자의 입장에서 관찰하기 시작하면 답을 의외로 찾기 쉽다. 신기하게도 마음의 여유가 생기고 평안한 마음으로 바라보게 된다.

나는 처음에 관찰자의 입장이 이렇게 깊은 심오한 것인지 미처 몰랐다. 신기하고도 놀랍고 비밀스러운 것이다.

감정을 제거한 상태에서 제삼자의 입장에서 자신을 객관화시켜서 바라보자! 우리가 조바심을 내려놓고 제삼자의 여유로 편안하게 바라본다면 나를 둘러싸고 있는 환경에 휘둘리지 않고 자유의지를 실현할 때 비로소 소망이 이루어지는 마법을 체험하게 된다.

5. 관계를 회복한다! : 상호관계성

관념을 깨고 관점을 새롭게 바꾸고 새로운 관점에 관심을 두고 제삼자의 객관적인 입장에서 관찰하므로 환경에 휘둘리지 않고 우리가 소망한 것을 이루는 마법을 체험한 결과는 '관계 맺음'으로 끝난다. 이것이 우주의 본질이다. 신과 하나가 되는 것이다. 관계를 회복하는 것이다. 실타래와 같이 얽혀 있는 우리의 인간관계를 회복하는 것이고 신과 우리의 관계를 회복하는 것이다. 이 과정 안에서 우리는 감사하는 마음을 느끼고 알아차리고 감사할 수 없다고 생각했던 사람과 일들에서도 감사를 찾아내고 감사로 보는 관점과 안목이 생겨난다.

감사일기는 틀도 없고 형식도 없다. 없을수록 더 좋다. 무언가 있으면 그때부터 제한이고 한계가 생긴다. 한계를 벗어나 제한과 틀을 깨고 자신만의 방법으로 자유롭게 표현해라. 일기라는 형식과 틀을 없애라. 다만 내 생각과 의식의 흐름을 가장 잘 표현할 수 있는 새롭고 신선한 나 자신만의 스타일을 가져라!

나는 5관의 법칙을 사용하면서 감사의 느낌과 생각을 가장 잘 인식하고 알아차리고 감정적으로 바라보지 않게 되었다. 객관적인 관찰자의 자세로 보면서 감사할 수 없었던 것들을 감사로 볼 수 있는 눈이 생겼다. 당연시 생각했던 것들이 감사의 대상이라는 것을 발견하게 되었다. 제발 일기라는 형식에서 벗어나라! 그냥 내 생각을 잘 표현하는 방식을 선택하라!

감사일기 쉽게 쓰는 방법 추가 정리(감사메모, 감사문자메시지, 감사편지)

1. '5관(관념, 관점, 관찰, 관심, 관계)'으로 감사를 찾아라! 그리고 써라! - 관찰일기
2. 긍정문으로 쓴다. 부정적인 용어를 사용하지 않는다.
3. 쉽게, 단순하게, 재미있게 쓰자!
4. '덕분에'라는 말을 사용하기
5. 마지막에 감사합니다를 3번 반복하기
6. 잠들기 전에, 10분 동안 마음을 다해 온몸으로 감사함을 느껴라!
7. 새벽에 일어나자마자, 1초 감사로 시작!

이미 이루어진 것처럼
감사하다고 쓰자

'미리감사'와 '확증감사'로 '상상 감사일기'를 쓰자.

감사일기를 쓰는 여섯 번째는 이미 이루어진 것처럼 감사기도를 적는 것이다. 미리감사와 확증감사로 쓰는 것이다.

전철을 갈아타는 곳에 떡집이 있다. 떡집에 재미있는 문구가 쓰여 있었다. "오늘 먹을 떡을 내일로 미루지 말자." 이 글을 보면서 한참을 웃었다. 톡톡 튀는 아이디어가 사람을 기분 좋게 한다. 나는 그것을 보고 새로운 아이디어가 생각이 났다. "오늘 누릴 감사를 내일로 미루지 말자. 오히려 내일 누릴 감사를 오늘 미리 누리자." 감사도 오늘 내가 누려야 분깃(적당한 몫)이 있다. 오늘 만난 사람과 일들과 사물을 통해 누려야 분깃이 있는데 내가 인식하고 알아차리지 못해서 지나가버린 감사가 너무도 많다.

오늘 누릴 감사를 미루지 말아야 할 뿐 아니라 심지어 내일 누릴 감사를 미리 당겨서 감사할 수 있다. 떡은 많이 먹으면 탈이 나지만 감사는 아무리 많이 해도 과하지 않고 부족하다. 더 많이 감사에 대해 알아차리고 인식하고 깨달을 수 있다. 감사에 대해서 우리는 여전히 배고프다.

미리감사와 확증감사를 통해 2배 더 행복해진다. 이 과정으로 2번 감사하게 되고 하나의 일을 가지고 2배의 축복을 누리고 받게 된다. 2배가 아니라 20배, 50배, 100배의 축복을 받게 된다.

상상으로 오늘 만나야 할 사람, 중요한 일, 미팅, 모임, 시험, 회의 등의 미리 축복하고 결과에 감사하는 것이다. 이것이 미리감사다. 그리고 하루를 다 보내고 실제로 오늘 상상력을 사용해 믿음으로 기도한 내용이 어떻게 이루어졌나를 확인하면서 한 번 더 감사하게 된다.

오늘은 유튜브 수업이 있는 날이다. 〈한책협〉에 가서 다른 작가님들을 만나보는 날이다. 새벽에 일어나서 오늘 미리 감사할 내용과 감사할 사람들에 대해 기록했다.

"오늘 하루를 분별되고, 기분 좋은, 의미 있는 하루로 축복해주셔서 감사합니다. 유튜브 수업을 크게 축복해주신 것을 감사드립니다. 많은 것을 배우고 깨달았습니다. 오늘 한별이와 함께 움직인 모든 것을 안내하고 기름을 부어주신 것을 감사합니다.

오늘 한별이가 태양이, 승리, 사랑이와 함께 즐거운 시간을 갖게 해주셨고 앞으로도 좋은 친구로 자주 만날 기회를 주셔서 감사합니다. 서로에게 좋은 친구가 되었습니다. 서로 잘 통하고 의지하게 해주셨고, 색깔과 취향과 기호가 비슷하게 하셨고, 서로 좋은 동반자가 되게 해주셔서 감사합니다. 앞으로 공부도 함께 해가는 장래 함께 할 계기를 마련해주셔서 감사합니다. 한별이의 특별한 능력, 상상력, 창의력 그리고 공감 능력이 오늘 만난 모든 분에게 도움을 드리고 마음을 열게 해주셔서 감사합니다. '보석 캐기 놀이'로 서로 마음을 열고 하나가 되게 해주셔서 감사합니다. 유튜브 수업을 통해 새로운 방향을 잡고 눈을 뜨게 해주셔서 감사합니다. 오늘 만난 김결이 작가님, 김수경 작가님, 제나 작가님, 김한별 작가님과 더 친근하고 가까워질 수 있는 시간을 주셔서 감사합니다. 한 분, 한 분에게 감사함을 전합니다. 오늘 수업을 축복하셔서 많은 것을 배우고 유익한 시간을 허락해주셔서 감사합니다."

"김태광 대표님, 권동희 대표님과 만날 수 있도록 축복해주셔서 감사드립니다. 앞으로 함께 갈 좋은 동반자의 관계를 맺게 해주셔서 감사합니다. 주말 가족여행으로 피곤하셨을 텐데 수업을 진행해주셔서 감사합니다. 오늘은 다른 날보다 더 건강해보이고, 에너지가 넘치게 해주셔서 감사합니다. 두 분 대표님에게 감사드립니다. 오늘 4시간 동안 함께 해주고 잘 놀아준 한별이에게도 감사합니다."

이렇게 미리 감사한다. 그리고 수업이 끝나고 집에 돌아와서 오늘 미리 감사한 내용을 읽어 보고 정말로 많은 부분이 똑같게 이루어진 것을 감사하게 된다. 거의 다 미리 감사한 내용이 확증되는 순간, '와!' 감탄과 함께 진짜 감사가 또 나오게 된다.

오늘 모든 일을 다시 감사하게 되고 확증감사를 쓰게 된다.
"한별이가 너무 행복해하는 모습을 보니 감사합니다. 내가 생각한 것보다 더 잘 놀고 태양이와 좋은 시간을 보내게 해주셔서 너무도 감사합니다. 태양이와 긴 시간을 아무 사고 없이 잘 지내게 해주어 감사합니다. 4시간이 아니라 5시간이 넘은 시간이었지만 행복한 시간을 주셔서 감사합니다. 주이슬 코치님이 오셔서 아이들과 함께 시간을 보내주시고 돌봐주신 것에 진심으로 감사드립니다. 항상 당신은 내 생각보다 크시고 더 좋은 것으로 축복하고 나에게 공급해주셔서 감사합니다."

어떤 일이 일어나기 전에 한 번 미리 감사하고 그 일이 일어난 결과에서 과정에서 한 번 더 감사를 할 수 있다. 미리 감사하고 확증감사를 통해서 감사할 기회를 더 많이 잡고 감사를 더 많이 찾아내고 감사의 힘을 더 많이 느끼게 되고 감사하는 마음을 더 갖게 된다.

오늘 최성호 작가의 《감사의 빚쟁이는 오늘도 감사를 빚지고 삽니다》라는 책을 보게 되었다. 새로운 감사 책을 보게 되어 감사하다. 일반적으로 감사의 반대말이 '불평'과 '불만'과 '화냄'으로 말할 수 있다. 다른 관점으로는 '익숙함'과 '당연함'으로 표현할 수도 있다. 이 책에서는 감사의 반대말이라기보다 감사에 대한 다른 관점이 '빚쟁이'라는 단어로 사용하고 있다. 전에 다른 책에서는 감사의 반대말로 '빚진'이라고 표현하고 있었다. 감사를 긍정적인 표현으로 말한다면 '빚진'은 소극적인 표현으로 갚아야 할 어떤 것으로 부담스러워하는 마음을 표현하고 있었다.

여기서는 또 다른 의미의 빚쟁이라고 사용했다. 작가는 자신을 감사의 빚을 지고 살아가는 사람이라고 했다. 어느 날 감사는커녕, 분노가 치밀어 올라서 마음껏 화가 난 것을 적었다가 조금 화가 누그러진 상태에서 갑자기 감사일기를 '감사합니다'라고 끝내기가 어색해서 상상해봤다고 한다.

"내가 100일 동안 감사일기를 무사히 다 마치고 나면 아마도 나는 그 어떤 상황에서도 감사할 줄 아는 사람이 되어 있을 것이다. 그러면 그때는 늘 행복하게 웃고 있는 모습이겠구나. 그리고 늘 감사하고 있을 거야. 그러면 미래의 감사한 마음을 잠깐만 빌려다 쓰자.'"

지금은 도저히 감사할 수 없으니 미래의 감사가 풍만한 삶을 사는 나한테 감사를 미리 좀 당겨쓰자는 생각이 지금의 제목까지 정하게 되었다고 한다. 미래의 나에게 감사를 우선 미리 받은 것이다. 미래의 감사가 충만한 상태인 나에게 감사를 대출받은 것이다. 이것이 바로 미리감사고 확증감사다.

남경홍 작가의 《허공의 놀라운 비밀》이라는 책에서는 이렇게 말하고 있다.

"모든 용어는 현재 시제화하라. 꿈이라도 현실에서만이 실현 가능한 것이다. 소망하는 것에 시제를 현재 시제화하라. 그러면 큰 효과를 얻을 수 있다. 원하는 모든 것은 현재 실제로 바꿔라. 그래야만 그 효과가 배가 된다. 과거는 이미 흘러갔고 미래는 아직 오지 않아 불확실하다. 우주의 마음은 현재만을 기억한다. 불확실한 것은 없는 것이다. 현재에 집중하라. 현재에 중점을 두라. 모든 것은 현재에 있다."

이미 이루어진 것으로, 이루어주신 것으로 믿고 그 고마움에 감사기도를 드리는 것이다.

감사기도는 부족한 것을 간청하거나 결핍을 말하는 것이 아니다. 현재의 상태를 말하는 것이 아니라 이미 이루어진 것처럼 현재시제를 사용해서 믿음으로 표현하는 것이다.

"나는 베스트셀러 작가다. 나는 감사코치다. 나는 감사 강연가다."

그렉 브레이든(Gregg Braden)의 《절대 기도의 비밀》에서는 진정한 기도가 무엇인지 말해준다. 1700년 동안 숨겨진 절대 기도의 비밀은 당신의 느낌이 당신의 기도다. 수 세기에 걸쳐 세계 지붕에서 살아온 사람들의 문서와 전통을 통해 전에 내려오는 이 잃어버린 기도의 방식에는 특별한 기도 문구도 겉으로 드러난 표현도 없었다. 오직 느낌을 기반한 기도였다.

"그 기도는 무기력한 심정으로 절대자에게 매달려 도움을 요청하는 자세를 버리고 기도가 이미 응답받았을 때 기분을 느끼라고 권한다. '기도가 이미 응답받은 것처럼' 감사하는 마음을 갖도록 이끌 뿐이다. 고대인들은 감사하는 마음가짐에 느낌을 통해서 창조의 힘, 즉 신의 정신과 직접 소통한다고 믿었다."

숨겨진 절대 기도의 핵심이 바로 간청하는 요청하는 매달려 요구하는 자세를 버리고 기도가 이미 응답받았을 때 기분을 느끼라는 것이다. '기도가 이미 응답받은 것처럼' 감사하는 마음을 가지고 감사 기도를 드리는 것이다.

닐 도널드 월쉬(Neale Donald Walsch)의 《신과 나눈 이야기》에서 감사의 기도에 대해 다음과 같이 말하고 있다.

"너희는 너희가 청하는 것을 갖지 못할 것이며 너희가 원하는 어떤 것도 가질 수 없다. 너희의 요구 자체가 결핍에 관한 진술이며 뭔가를 원한다는 너의 진술은 정확히 그런 체험 곧 모자람을 너희의 현실에 만들어내는 작용을 할 뿐이다. 그러므로 올바른 기도는 간청의 기도가 아니라 감사의 기도다. 너희가 현실에서 체험하기로 선택한 것에 대해 미리 신에게 감사할 때, 사실상 너희는 그것이 실제로 있음을 인정하는 것이다. 따라서 감사는 신에게 보내는 가장 강력한 진술, 너희가 청하기도 전에 내가 대답해주는, 하나의 확약이다. 그러므로 절대 간청하지 말라. 감사하라. 신이 모든 요구를 언제나 들어주리라고 믿어야 하는 게 아니라, 그런 요구 자체가 필요하지 않다는 걸, 직관으로 이해할 때 기도는 훨씬 수월해진다. 그럴 때 그 기도는 감사의 기도가 된다."

'미리감사', '확증감사', '상상감사'는 모두 현재에 아직 이루어지지 않았지만 마치 이미 이루어진 것처럼 내가 원하는 것, 목표하는 것을 구체적으로 상상해서 믿음의 법칙을 더하는 것이다. 상상에 감정이 더해지는 것이다. 김도사, 권마담의 《부와 행운을 끌어당기는 우주의 법칙》에서는 하나님께 드리는 기도는 무조건 실현된다. 기도할 때는 완전한 상태를 구하는 긍정적인 말만 해야 한다. 기도했으면 어떤 방식으로 성취될지 의심하거나 궁금해할 필요가 없다. 생각하지도 못한 방식으로 반드시 이루어주신다. 다만 확신과 믿음을 가지고 하나님께 맡기기만 하면 된다.

이런 기도는 반드시 이루어진다고 말한다.
"하나님은 우주의 대원리다. 무엇보다 구하는 순간 이미 얻었다는 믿음을 가지고 감사하는 마음을 가져야 한다. 감사하는 마음을 가진 사람은 자신의 기도가 이루어졌음을 알고 있다."

구하는 순간 상상하는 순간, 이루어진 것을 믿고 이루어진 것을 감정으로 느끼고 감사하는 마음으로 감사의 기도를 드리면 된다. 이것이 '미리감사'고 '확증감사'다. 우리가 기도할 때 무엇이든지 믿고 구하는 것은 다 받는다. 그러므로 우리는 감사하는 것밖에 없다. 미리 감사하고 확증으로 다시 한번 감사하면 된다. 매 순간이 감사로 채워진다.

성경 〈빌립보서〉 4장 6~7절 말씀을 보자.

"6. 아무것도 염려하지 말고 다만 모든 일에 기도와 간구로, 너희 구할 것을 **감사함으로 하나님께 아뢰라**.

7. 그리하면 모든 지각에 뛰어난 하나님의 평강이 그리스도 예수 안에서 너희 마음과 생각을 지키시리라."

손 글씨로 쓰고
소리 내어 읽어보자

감사일기를 쓰는 일곱 번째 원칙은 손 글씨로 쓰는 것이다. 손 글씨를 쓰고 입으로 소리를 내어 말을 해보는 것이다.

초등학교 시절에는 모두 손수 연필을 깎아서 손으로 글씨를 썼다. 한 자 한 자 정성을 다해 손 글씨를 썼다. 어릴 적 글씨를 처음 배울 때 기억이 떠오른다. 나는 왼손잡이라서 자동으로 왼손으로 연필을 잡고 글씨를 썼다. 그러면 어머니는 30cm 자로 왼쪽 손등을 때리시면서 글씨는 오른손으로 써야 한다고 하셨다. 손등이 빨개질 정도로 맞으면서 오른손으로 글씨를 배웠다. 지금 생각하면 어머니께 너무도 감사하다. 오른손으로 글씨를 배우지 못했다면 왼손으로 글씨를 쓰는 것이 너무 불편했을 것이다. 그때 맞아가면서 글씨를 배웠기 때문에 나는 지금 오른손으로 글씨를 쓸 수 있다.

요새 아이들은 손으로 글씨를 잘 쓰지 않아서 그런지 글씨를 보면 하늘을 날아다닌다. 아버지는 나에게 글자를 쓸 때 칸 안에 정확하게 정성을 다해서 쓰는 훈련을 시키셨다. 그 덕분에 나는 글씨체가 예쁜 편이다. 모든 것이 부모님 덕분이다.

"감사합니다. 아버지! 어머니! 저에게 오른손으로 글씨를 쓸 뿐만 아니라 예쁜 글씨체를 가질 수 있게 해주셔서 너무나 감사드립니다."

우리는 쉽고 빠른 디지털과 기계화되고 획일화된 문화에 살고 있다. 그런 가운데 손 글씨는 색다른 아날로그 감성이 있다. 손 글씨는 사람에게 감흥과 감동을 준다. 글에 감정을 담으려면 손 글씨만 한 것이 없다. 가족이나 친구에게 전하는 작은 메모로부터 편지까지 별거 아닌 것 같지만 내가 직접 쓴 손 글씨는 이 세상에 하나밖에 없는 것이다. 손 글씨는 이 세상에서 어떤 사람도 흉내낼 수 없는 나만의 작품이다. 지문이 다 다르듯이 글씨의 필체가 다 다르다. 그래서 범죄 수사 과정에서 필체를 대조해서 본인임을 판명할 수 있는 것이다. 나만의 필체로 나만의 생각을 나만의 표현으로 감사를 기록해보자! 상상할 수 없는 감동이 있을 것이다.

나만의 글씨, 나만의 필체로 감사하는 감정과 정성을 다른 사람에게 전해준다면 그것은 받은 사람에게 감동을 가져다줄 것이다.

나는 수십 년 동안 손으로 필기하고 메모하고 성경의 메시지를 요약하고 웃음 강의를 손 글씨를 써서 정리했다. 그 노트를 정리해보니 10여 권이 넘었다. 하루는 새벽에 일어나서 그동안 쓴 노트를 읽어봤다. 내가 어떻게 살아왔는지 어떤 생각을 했는지 어떤 감정으로 기록했는지가 하나하나 떠올라서 나도 모르게 눈물이 났다. 그래도 참 나름대로 열심히 살아왔다는 것을 깨닫게 되었다.

앞으로는 열심히 사는 것뿐만 아니라 특별한 삶을 살고 싶다. 많은 사람에게 유익을 주는 사람, 꼭 필요로 하는 사람, 꼭 만나보고 싶은 사람이 되고 싶다.

감사일기는 어떤 점에서 나 자신을 위해 쓰는 것이다. 다른 사람을 위해 쓰는 것은 아니다. 감사일기를 쓸 뿐 아니라 더해서 감사문자와 감사메모와 감사편지를 써야겠다는 생각이 갑자기 떠올랐다. 내면에 들리는 음성이 있었다.

'아! 바로 이것이다. 감사편지를 써야겠다.' 이런 생각이 나를 흥분시켰다. 감사편지를 생각할 때 가슴이 떨리고 설레기 시작했다. 그동안 감사한 분들, 고마운 분들, 감사의 편지를 쓰고 싶은 분들의 명단을 적어보고 싶어졌다. 이름이 생각나는 분들의 이름을 적었다. 이름을 생각나게 해주신 하나님께 감사한다.

가장 먼저 현재 몸담은 코레일이 생각났다. 아주 고마운 분들이 너무도 많았다. 지금은 어떤 부서에서 어떤 직책인지 모른다. 백선위 님, 주명 님, 이윤재 님, 염중실 님, 김행균 님, 박정원 님, 박화영 님, 김은화 님, 김귀례 님, 정혜련 님, 김해진 님, 이문화 님, 홍승표 님,

이초애 님, 박혜진 님, 한선희 님, 염경선 님, 유남진 님, 강병규 님, 김광용 님, 김순이 님, 오현미 님, 주영선 님, 한국아동미술치료협회 하민철 이사장님, 이호선 교수님, 임찬우 교수님, 웃음연구소 이요섭 소장님, 채송화 소장님, 최규상 소장님, 두재영 목사님, 용석달 선생님, 형순자 선생님, 한국교정복지협회 이원복 목사님, 백종진 장로님, 김성희 원장님, 오진철 목사님, 이상임 이사장님, 김재승 교수님, 김충식 교수님, 윤병용 교수님, 대학원 교수님 중에는 손동신 교수님, 김혜숙 교수님, 최세열 교수님, 대학원 동기생들은 대화가 통하고 서로에게 힘을 주는 이석기 선생님. 박종란 선생님. 박진연 선생님. 이금옥 선생님. 이은희 선생님. 윤미숙 선생님, 함정심 선생님. 김초하 선생님. 이행자 선생님, 조명희 선생님. 배성은 선생님. 강미정 선생님, 기쁨세상에서 만난 이상헌 작가님, 소재순 선생님, 김명숙 대표님, 고등부 주일학교에서부터 영적인 가르침을 주신 박선규 선생님, 결혼식에 참석해 축가를 불러주신 방영섭 가수님, 결혼식 준비를 자신의 일처럼 도와주고 수고한 우신초등학교 63회 동창생들, 감리교신학대학 동기들, 국민행복대학 김기현 대표님, 김종남 교수님, 금종례 교수님, 금종남 교수님, 숲연구소 남효창 이사장님, 이복희 선생님, 최영렬 선생님, 초등학교 담임이셨던 김정희 선생님, 인생 이모작 창업 코치이신 정은상 코치님, 자기계발 코칭을 받으셨던 박경택 단장님, 교회에서 만난 최재길 형제님, 강수희 형제님, 한혜선 자매님, 윤길자 자매님, 방영일 자매님, 황찬숙 자매님, 황정연 자매님, 김국현 형제님, 강명성 형제님, 김용우 형제님 등 감사합니다.

갑자기 수많은 사람을 줄줄이 생각이 나서 더 이상 써 내려갈 수가 없다. 나에게 감동을 준 사람들이 내 인생에 이렇게 많은 줄은 이렇게 글로 써보기 전에는 미처 생각지도 못했다.

"내 인생에서 당신들을 만날 수 있었다는 것은 고맙고, 감사합니다. 너무도 큰 축복이었습니다."

손 글씨로 쓴 감사의 편지를 받아본 적이 있는가? 나는 청송교도소에 웃음 강의 갔을 때 웃음 강의를 들었던 재소자분으로부터 손 글씨로 쓴 감사의 편지를 받아본 적이 있다. 웃음 강의를 통해 교도소에 들어온 지 처음으로 웃으면서 웃음의 기쁨을 맛보고 체험했다면서 감사하다는 내용이었다. 그 편지를 읽는 순간 그동안 웃음 강의를 한 것에 대한 보람이 느껴졌다. 웃음을 통해서 더 많은 곳에서, 더 많은 사람에게 웃음을 전하고 싶은 갈망이 솟아올랐다.

사람들은 하버드대학 졸업식의 총장 연설에 특별한 관심을 둔다. 여기에 한 졸업식 연설문을 소개한다.

"하루에 15분씩만 행복에 관한 책을 큰 소리로 읽으십시오. 10년이면 하버드대학 출신들도 놀랄 정도의 변화가 생길 것임을 보증합니다."

사람들은 몸을 위해 영양가 있는 음식을 먹는다. 매일 한 끼라도 거르면 큰일 나는 것처럼 몸의 영양을 챙긴다. 하지만 마음의 영양에는 얼마나 신경을 쓰고 관심을 두고 있는지 모르겠다. 몸을 챙기는 만큼 마음의 양식을 챙기지 않는다. 책에서 지식과 양식을 주기도 하지만 좋은 글을 읽을 때마다 좋은 파장이 뇌세포를 변화시킨다. 읽거나 말로 표현하면 파동이 생겨 자신과 주변에 영향을 미치게 된다. 잘 웃는 사람 옆에 있기만 해도 잘 웃게 된다. 행복해하는 사람을 만나기만 해도 행복해지는 것은 바로 그런 파동의 영향 때문이다.

진동이 같은 것은 서로를 끌어당긴다. 비슷한 주파수를 가진 것들은 서로를 끌어당기고 다른 주파수를 진동하는 것은 서로를 밀어낸다. 물방울은 서로를 끌어당기고 하나로 섞인다. 그러나 기름과 물방울은 서로를 밀어낸다. 그것은 서로 다른 주파수를 가지고 있기 때문이다. 날마다 10분씩 행복에 관한 책을 소리 내어 읽으면 세상이 놀랄 정도의 변화가 생길 것이다. 10분도 필요 없다. 1분이면 충분하다.

가장 좋은 행복에 관한 책은 바로 나의 감사일기, 감사에 대한 메모다. 감사일기를 손으로 손 글씨를 쓰고 그것을 입으로 읽으면 뇌에 새기고 우주에 새기는 것이다. 가장 행복한 언어를, 가장 긍정적인 언어를, 가장 아름다운 언어를 쓰고 읽어서 나의 뇌와 우주에 새겨 넣는 것이다. 좋은 글을 읽으면 좋은 파동의 주인공이 된다.

남경홍 작가의 《허공의 놀라운 비밀》에서는 입버릇이 자동 실행 장치의 버튼을 누른다고 표현했다. 미국 뇌과학자들의 연구 결과, 전체 뇌세포 230억 개 중 98%가 말의 지배를 받는 것으로 밝혀졌다.

"우리가 어떤 내용에 대해 반복적으로 말을 하면 우리의 뇌는 그것을 이루기 위해 우리가 의식하지 못하는 가운데 자동 실행 장치를 켜는 것이다. 그래서 '나는 행운아야' 하고 입버릇처럼 말하는 사람에게는 좋은 일들이 주로 일어난다. 반면에 '나는 항상 재수 없어'라고 자주 말하면 재수 없는 일만 생기게 되는 것이다. 원인과 결과는 한 덩어리이다.

'말한다'는 것은 생각으로만 말하는 것은 제외된다. 반드시 입을 움직여 소리를 내어 파동을 우주로 내보내고 우주에 있는 동일 파동에 조응을 얻어야 그 효력이 있는 것이다.

기도는 창조주의 힘을 나에게 끌어오는 행위다. 특히 감사기도를 성심성의껏 하라. 소리 기도하는 방법을 택하라. 왜냐하면 '소리'야말로 창조주가 물질을 창조한 근원이기 때문이다."

아침에 일어나자마자 다음과 같은 마법의 언어, 긍정의 언어, 생명의 언어, 축복의 언어를 소리 내어 읽어본다.

'지혜, 평화, 깨달음, 기쁨, 사랑, 행복, 감사. 배려, 베풂, 나눔, 설렘, 열정, 용기, 영감, 집중, 몰입, 웃음, 포용, 젊음, 활력, 신뢰, 믿음, 마음먹기, 마음 비움, 마음, 부와 풍요, 에너지, 생명, 관심, 관찰, 관계, 명확함, 확증, 확언, 기적, 건강, 긍정, 소망, 동심, 창조, 상상, 수용, 존중, 행운, 지금, 우리, 하나.'

자기가 좋아하는 단어, 이 말을 했을 때 힘을 주고 에너지를 준다고 생각하는 단어를 더 추가해서 나만의 마법의 단어장을 만들어 보라!

하루가 힘이 넘치고 에너지가 가득 차게 된다. '미리감사' 하는 내용과 '확증감사' 하는 내용을 소리 내서 읽어본다. 확언하는 내용을 소리 내어 함께 읽어본다. 자주 확언하는 말 중에 "오늘은 좋은 일이 일어납니다." 이 문구를 읽으면서 시작하면 기분이 좋아진다. "오늘도 좋은 일이 일어납니다." 운명은 내가 만들어가는 것이다. 행운도 내가 만들어가는 것이다.

큰소리로 할 필요는 없다. 작은 소리도 상관이 없다. 입을 벌려 입버릇으로 말하는 것이면 족하다. 나는 자주 입버릇으로 '감사합니다. 사랑합니다. 축복합니다'를 입에 달고 살려고 한다.

내 입에서, 이런 긍정적인 에너지가 나오는 말을 자주 되뇔 때는 감사하는 마음이 가득하다. 행복이 충만하다. 사랑이 흘러넘친다. 얼굴에 웃음꽃이 활짝 펴있다.

운명을 바꾸는 혼잣말! 자신을 행복하게 하는 습관이다. 인생의 방향을 바꾸는 습관이다. 생각하는 대로 이루어진다. 내면의 소리, 혼잣말, 마음가짐이다. 지속해서 그리면 상상이 현실이 된다.

　나는 위대한 존재다. 나는 인류에 공헌하는 사람이다. 나는 선한 영향을 주는 사람이다. 나는 사람들이 보고 싶어 하는 사람이다. 나는 사람들이 꼭 필요로 하는 사람이다. 나는 부와 명예를 다 얻은 사람이다. 내가 꿈꾸는 것은 반드시 이루어진다.

4장

감사하는 습관은
행복과 기적을 끌어당긴다

작은 것부터 삶을 바꾸고 싶다면
현재를 즐기고 감사하라

손녀딸 한별이는 "나중에 먹을게, 다음에 해볼게"라는 말을 잘한다. 밥을 먹다가 처음 먹어보는 반찬이나 음식을 보면서 "혀니, 이 두부는 조금 더 커서 나중에 먹을게"라고 한다. 콩 냄새를 싫어하는 한별이가 두부와 콩을 먹을 때마다 자주 사용하는 말이다. 콩 냄새를 싫어하는 것은 누구에게 배운 것도 알려준 것도 아닌데 희한하게 한별이 할머니와 한별이 엄마를 똑같이 닮았다. 다음으로 미루기 위해 변명처럼 이 단어를 사용한다.

우리는 오랜만에 만난 친구나 지인에게 "다음에 한번 밥 먹자"라는 말을 사용한다. 쉽게 상투적인 말로 나중에 식사하자는 말을 건넨다. 이 말은 다음에 진짜로 밥을 먹자는 것인가? 나는 처음에 식사 한번 하자는 말을 말 그대로 곧이곧대로 알아듣고 진짜 식사해야 하는 줄 알았다. 시간이 지나면서 깨닫게 된 것은 사람들은 그냥 지나가는 인사치레로 하는 말인지 알게 되었다.

'지금 이 순간'이라는 말을 보면 생각나는 단어가 있다. 그것은 '카르페 디엠'이다. 집 근처에서 산책할 때였다. 예쁜 글씨로 쓰여있는 간판 하나가 눈에 들어왔다. '카르페 디엠(Carpe diem)'이다. 처음에는 '카르페 디엠'이 무슨 뜻인지 몰랐다. 영화 〈죽은 시인의 사회〉에서 키팅 선생님이 학생들에게 자주 외치면서 유명해진 말이다. 우리말로는 번역하면 '현재를 잡아라'로, '지금 사는 현재 이 순간에 충실하라'라는 뜻의 라틴어다. 나는 '지금부터'는 말이 내 마음에 다가왔다. 내가 지금 살고 있는 이 순간부터다. 다음이 아니고 나중이 아니다. 바로 지금부터다.

인생을 살면서 느낀 것은 '나중에', '다음이'라는 말이 얼마나 무책임한 말이며 무서운 말인지를 깨달았다. 나에게 나중이라는 시간이 있다고 어떻게 보장할 수 있는가? 한 치 앞도 알 수 없는 것이 인생인데 말이다. 나에게 다음이라는 시간이 있다고 확신할 수 있는 사람이 이 세상에 한 명도 존재하지 않는다.

그러므로 나에게 이 순간은 너무도 소중하고 귀한 시간의 단위다. 순간이라는 단어가 너무도 아름답다. 순간(瞬間)이라는 시간은 눈을 깜박거리는 사이의 시간이다. 과거와 미래 사이에 있는 '지금'이라는 지극히 짧은 시간적 규정을 갖는 말이다. 순간이라는 단어와 비슷한 '찰나'는 한자로는 절 찰(刹), 어찌 나(那)로 이루어져 있으며 뜻에서 알 수 있듯이 불교 용어다. 이와 비슷하게 사용하는 단어 중

'순식간'이나 '삽시간'이라는 단어가 사실 찰나는 앞 2개의 단어보다 더 빠른 시간을 의미한다. 시간으로 환산하면 75분의 1초를 가리킬 만큼 시간의 최소단위를 말한다고 볼 수 있다.

또한 찰나는 인도 용어인 '크사나(Ksana)'를 한자식으로 바꾼 것이다. 어떻게 보면 길기도 하지만 짧기도 한 인생을 표현할 때 사용한다. '찰나 같은 인생.' 인간이 어떤 일에 대한 느낄 수 있는 시간은 120찰나라고 하니 1찰나는 못 느끼고 산다고 할 수 있겠으며 그만큼 엄청나게 빨리 지나갔다는 의미를 표현할 때 사용된다.

지구촌은 지금 너무도 빠르게 변화하고 있다. 눈 한번 깜짝할 사이에 무슨 일이 일어날지 모르는 시대에 살고 있다.

눈을 깜박거리는 순간 시간을 주목하고 집중하지 않으면 순식간에 지나가고 만다. 순간이 모여서 시간을 이루는 것이다. 시간이 모여 삶이 되는 것이다. 나의 작은 삶이 바뀌기를 원한다면 우리는 반드시 순간을 붙들어야 한다. 순간을 즐기고 감사를 잡아야 한다. 순간의 시간을 감사하지 않으면 내 인생을 아주 특별한 삶으로 만들수 없다.

후루카와 타케시(古川 武士)의 《인생을 지배하는 습관의 힘》이란 책에서 '지금 이 순간'에 집중하면 스트레스는 줄어든다. 아무리 바쁜 일상생활 속에서도 100%로 몰입하는 동안에는 스트레스가 줄어든다. 스트레스는 과거의 후회와 미래의 불안에서 태어난다. 이것도 해야 하고 저것도 해야 하면 뇌는 스트레스를 받게 된다.

최근에 '마인드풀니스(Mindfullness)'말을 많이 사용하고 있다. 마음과 몸의 상태를 인식하고 현재의 순간에 집중하고 비판적이지 않고 수용하는 태도를 가지는 것을 의미한다. 마음이 마인드풀(Mindfull) 상태에 들어가 '지금 이 순간'을 느낄 수 있게 되면, 스트레스에서 해방되고, 마음이 치유되어 맑은 집중력을 되찾을 수 있다. 그러나 마음이 마인드리스(Mindless) 상태로 마음이 다른 곳에 있으면 스트레스를 느낀다.

마인드풀 상태에 머무는 방법은 명상이나 자연에서 산책하는 것이나 운동을 하는 것이다. 평소에 집중을 잘하지 못하고 스트레스를 잘 받는다는 것은 뇌가 지쳤다는 것을 의미한다. 뇌를 쉬게 해주는 것이 필요하다. 지쳐 있는 뇌에 휴식을 주어야 한다.

호흡을 안정시키고 눈을 감고 집중하는 명상이 좋다. 새벽에 일어나면 자연스럽게 명상하게 된다. 이때 가장 중요한 것은 호흡이다. 호흡이 안정되면 마인드풀 상태에 머물게 된다. 나는 이 시간이 하루 중에 가장 최고의 시간이고, 최고의 순간이다. 하루 중에 가장 집중이 잘 되고 가장 행복한 시간이다. 뇌는 이 순간에 많은 것을 나에게 전해준다. 뇌는 전날 밤에 내가 던져준 질문에 답을 준다. 가장 정신이 맑은 상태에서 어떤 날에는 폭포수같이 많은 것을 부어주기도 한다.

뇌가 좋아하는 것 중에 산책이 있다. 뇌는 책을 읽는 것을 좋아한다. 뇌는 책을 통해서 새로운 정보와 지식을 받아들인다. 책을 통해서 받아들인 많은 정보를 뇌는 산책하면서 마음에 새기게 된다. 나는 산책하면서 걷는 것이 뇌를 활성화시키고 뇌에 활력을 주는 것을 자주 체험한다. 산책은 전에 읽었던 책을 진짜 산(Living) 책이 되게 해준다.

나는 운동하는 것을 좋아한다. 그중에서도 달리기를 좋아한다. 나에게 달리는 것은 아주 특별한 의미가 하다. 달릴 때 최고로 집중을 할 수 있다. 땀을 흘리면서 30분을 넘어가면 안에서 행복한 호르몬이 나오는 것을 느낄 수 있다. 달릴수록 머리는 더 맑아지고 몸은 더 힘이 난다. 스트레스가 다 해소되고 몰입하게 된다. 다른 생각이 들지 않게 된다. 즉 달리기는 '지금 이 순간'을 느끼게 해준다. 달리는 자체가 몸과 마음을 건강하게 하고 행복하게 해준다. 너무 빨리 달릴 필요도 없다. 이때도 호흡이 중요하다. 처음에는 호흡이 불안하고 거칠다. 어느 정도 달리고 나면 호흡이 안정되면서 심장박동수가 일정해지고 편안해진다. 복잡하고 힘들었던 많은 고민과 스트레스는 사라지고 마음이 고요하고 평화로운 상태에 이르게 된다. 그때 많은 아이디어와 영감을 얻게 된다. 복잡하고 해결되지 않은 서로 엉켜 있는 실타래 같은 것들이 하나하나 풀리는 것을 체험하게 된다.

넛지(Nudge)라는 심리적 요법이 있다. 넛지는 원래 '팔꿈치로 슬쩍

찌르다', '주의를 환기시키다'라는 뜻이다. 넛지는 행동 경제학, 의사 결정, 행동 정책, 사회 심리학, 소비자 행동 등과 관련된 행동 과학의 개념이다. 넛지를 사용하면 '마인드풀니스'를 더 잘 활용하고 적용할 수 있다.

넛지 이론을 이용한 대표적인 사례는 남자 소변기에 붙어있는 파리다. 처음에 네덜란드 암스테르담에 있는 스히폴 공항의 남자 화장실에서 시작되었다. 소변기 밖으로 튀는 소변이 세균과 악취의 원인이 된다는 것을 알고 남자 소변기에 파리 모양의 스티커를 붙여서 소변이 파리를 향하게 한 것이다. 그 효과로 밖으로 튀는 소변의 80%가 감소 되었다.

다만 스티커 한 장을 붙여놓았는데 그 효과는 대단했다. 넛지는 어떤 명령이나 지시가 아니라 사람들의 선택을 유도하는 부드러운 개입이라고 할 수 있다. 겉으로 보기에는 사소하고 작은 것이라고 해도 사람들의 행동 방식에 큰 영향을 미칠 수 있는 것이다.

넛지를 자연스럽게 실천할 수 있는 예로는 알람을 설정하는 것이나 보상을 주는 것이나 감사일기를 쓰는 것이다. 알람을 설정하는 것은 알람이 울리면 명상을 시작한다. 알람은 '마인드풀' 상태가 되도록 자극하고 습관화하는 데 도움이 된다.

명상 후에 자신이 느낀 감정이나 생각을 노트에 적는다. 감사일기를 쓰면 자신의 마음 상태를 인식하고 명상의 효과를 확인하고 감사하고 즐거워하는 태도를 갖출 수 있게 한다. '지금 이 순간'을 느끼고 체험하게 하고 감사하는 마음을 습관화하게 해준다.

작은 것부터 삶을 바꿔가고 싶다면 바로 '지금 이 순간'을 즐거워하고 감사해야 한다. 마인드풀 상태에 머무는 것은 바로 '지금 이 순간'에 집중하는 생활방식이다. '지금 이 순간'을 즐기고 감사하는 습관을 만들어주는 것은 넛지라는 감사일기다. 삶을 바꿔줄 수 있는 것, 우리의 옷을 벗게 할 수 있는 것은 강한 바람이 아니라 은은히 비춰주는 따뜻한 햇빛이다. 넛지라는 감사일기를 쓰는 작은 행동 방식의 변화가 삶에 엄청난 큰 영향을 줄 것으로 생각한다.

감사는 행복으로 통하는
마법의 문이다

"이 세상에는 사람들이 생각하는 것보다 훨씬 많은 행복이 있다. 사람들은 그걸 보지 못하는 것뿐이다."

– 마테를링크 –

아이들과 함께 노는 것은 행복이다. 아이들은 놀면서 항상 웃고 행복해한다. 그런 아이들 옆에서 놀아줄 수 있다는 것은 축복이다. 아이와 함께 놀아주는 것이 아니라 아이에게서 놀 기회를 얻은 것이다. 축복의 표를 얻은 것이다. 행복의 표를 선물로 받은 것이다. 아이와 함께 놀 기회가 있다면 당신은 축복받을 가능성이 더 큰 사람이다. 행복해질 가능성이 훨씬 크다. 한별이와 놀면서 자주 이런 생각이 든다. 한별이는 나만 보면 "혀니, 우리 뭐 하고 놀까?" 나를 놀이 대상, 놀이 친구로 생각한다. 심지어 나를 살아 움직이는 장난감이라고 말한다. "혀니는 내가 제일 좋아하는 장난감이야!" 나는 이 말을 들을 때 정말 행복하다. 감사하다. 나를 놀이 친구로 장난감으로 생각해주니 말이다. 장남감이라고 생각하는 발상이 너무 재미있다. 아이들의 상상력은 끝이 없다.

나는 항상 한별이에게서 상상할 수 없을 정도로 많이 배운다. 놀이에서 인생을 배운다. 한별이는 "오늘은 숨바꼭질하고 싶어! 나는 술래야, 혀니는 숨어!" 한별이가 숨어 있는 곳을 찾지 못하면 "어디에 숨어 있어? 못 찾겠다. 꾀꼬리!"라고 외친다. 그러는 동안 항상 웃음이 떠나질 않는다. 뭐가 그리 좋은지 쳐다만 봐도 웃음이 계속해서 흘러나온다. 내가 갑자기 뛰어나오면서 "나 여기 있었지!" 깜짝 놀라게 하면 한별이는 너무 재미있어하고 행복해한다. 반대로 내가 술래가 되어서 "꼭꼭 숨어라! 머리카락 보일라! 다 숨었니?" 말하면 "응, 다 숨었어!"라고 큰소리로 대답해준다. 그 대답 소리로 어디에 숨었는지 다 알게 된다.

아이들의 동심의 세계 안에 함께 있으면 그 자체가 웃음이고 행복이다. 이곳에서 아이들은 마법사고 주인공이다. 레이저를 쏘고 망토를 두르고 사라지기도 하고 양탄자를 타고 하늘을 마음껏 날아다니고 순간이동으로 이 방에서 저 방으로 이동한다. 이것이 동심에서 사는 아이들의 세계에서는 현실이다.

오늘도 한별이 덕분에 동심의 세계에서 행복을 맛봤다. 웃음의 복도 받았다. 감사의 축복도 받았다. 마지막에 헤어질 때 한별이에게 나는 이렇게 말한다. "오늘도 한별이 덕분에 즐겁게 행복하게 잘 놀았어! 함께 놀아주어서 고마워!" 그러면 한별이는 "응, 그래! 알았어! 다음에 또 놀아줄게!"라고 대답한다. 그 대답하는 모습도 너무 귀엽다. 한별이는 아주 당당하게 대단한 사람이 된 것처럼 대답한다. 나는 한별이에게 "고마워! 사랑해!"라고 하면서 15초 동안 꼭 끌어안아준다. 한별이에게 "왜 이렇게 안아주는지 알아?"라고 물어보면 한별이는 "응, 알아! 혀니가 날 좋아해서 그런 거잖아!"라고 대답해준다.

한별이 덕분에 기쁨과 행복과 감사가 무엇인지 깨닫게 된다. '이 귀한 3종 세트를 선물로 주셔서 감사합니다.'

후루카와 다케시의 《인생을 지배하는 습관의 힘》이라는 책에서 '가슴 뛰는 행동을 하자'라는 내용이 나온다. 가슴 뛰는 행동을 하면 어렸을 적 호기심이 되살아난다. 호기심이 느껴지는 만큼 즐거워진다. 호기심은 동심으로 우리를 이끌어준다. 동심의 세계에서 우리는 몰입과 집중을 하게 된다.

호기심을 되살리면 일상이 즐거워지고 감정 습관도 좋아지고 감사하는 습관이 점점 많아진다. 어린아이 같은 호기심을 가지면 세상은 즐거움과 재미로 넘쳐나게 된다. 늘 정해진 패턴에서 모든 사물이 새롭고 신선하게 느껴지는 것이다. 딱 호기심만큼 세상은 넓어지고 인생의 선택지도 늘어난다.

어린아이에서 어른이 되는 과정에서 잃어버리는 것이 많다. 순수함, 호기심, 영민한 감각, 맑은 눈동자 아이들에게는 잘 보이는 것이 어른 눈에는 잘 보이지 않는다. 아이들은 모든 것이 신기하고 새롭고 호기심이 가득하다. 어른은 "으레, 그런 거지 뭐, 당연한 것 아니야." 더 이상 신기한 것도 호기심을 줄 만한 것도 존재하지 않는다. 어른은 살면서 점점 더 당연한 것이 많아진다. 그것은 감사한 것들이 줄어든다는 것이다. 당연한 것이 많아질수록 감사할 것들은 줄어든다. 당연한 것을 깨뜨릴 때 감사가 보인다. 당연한 것을 박살내야만 감사가 보인다.

어린아이의 마음으로 어린아이의 동심으로 어린아이의 호기심으로 어린아이의 순수한 마음으로 보기 시작하면 행복으로 통하는 마법의 문이 열린다. 어른들은 현실의 세계에 살면서 동심을 잊어버렸다. 아이들은 동심의 세계에서 살면서 마법의 세계에서 살고 있다. 아이들은 모든 것이 놀이이다. 놀이를 통해 즐거운 삶을 호기심이 가득한 삶을 살고 있다. 우리는 어린아이에게서 배워야 한다.

론다 번의 《매직》에서 우주는 하나의 놀이터다. 삶은 즐거운 놀이이다. 우주는 한별이와 같다. 끊임없이 당신에게 놀자고 사인과 큐 신호를 보내고 있다. 우주는 당신이 꿈꾸는 것을 얻기 위해 감사하는 마음을 느껴야 한다고 생각하고 있다. 우주는 당신의 주변 사람, 상황, 사건을 이용해서 당신에게 감사하는 마법의 큐 신호를 보낸다. 우주는 당신에게 일상 활동에서 감사하라고 수많은 창조적 방법으로 마법처럼 큐 신호를 보낸다.

당신은 우주가 당신에게 보내는 큐 신호를 알아차리고 그것에 반응해 감사하는 마음을 가지고 감사하기만 하면 된다. 다만 어린아이의 마음으로 받아들이면 된다. 단순하게 순수한 아이의 마음으로 주변을 돌아보면 모든 것이 감사하라는 우주의 큐 신호로 가득 차 있다는 것을 감지할 수 있다.

잊어버렸던 동심을 회복해보자!

구급차가 지나가면 한별이는 한 번도 놓친 적이 없다. 한별이는 멀리서 들려 오는 구급차 소리를 가장 먼저 알아차린다. 이때 구급차를 통해 건강에 감사하라는 우주의 큐 사인으로 받아들인다. 알람 소리는 시간의 귀함을 깨닫고 감사하라는 우주의 큐 신호다. 주방에서 밥통의 밥이 다 되었다는 알람이 울릴 때는 맛있는 음식에 감사하라는 우주의 큐 신호다. 모든 것이 다 나에게 큐 신호를 보내고 있다. 이것은 재미있는 게임이고 놀이다. 누가 더 많이 찾아내느냐, 찾으면 감사하는 마음을 가지고 감사하기만 하면 된다.

얼마 전에 '루덴시아' 테마마크 놀이공원에 다녀온 적이 있다. 루덴시아는 개장한 지 얼마 안 된 유럽형 테마 빌리지다. 루덴시아를 오픈하기 위해 10년 이상을 준비했다고 한다. 루덴시아의 규모와 그 안에 내용물을 볼 때 돈을 벌기 위한 목적이 아니라 이곳을 찾는 사람들에게 나누고 베풀기 위해서 얼마나 많은 정성을 들였는지 그 마음이 전달되는 것을 느낄 수 있었다. 루덴시아를 만드신 분을 한 번 만나보고 싶었다. 루덴시아 직원들에게서 회장님이 어떤 분이시다는 것을 간접적으로 들을 수가 있었다.

"회장님은 고객 한 분, 한 분을 생각하며 만족할 때까지 철저히 준비하시는 분이십니다."

루덴시아의 뜻은 놀이하는 인간의 '호모 루덴스'와 '판타지아(fantasia)'의 합성어('Ludens' + 'fanta'sia = Ludensia)다. 영감과 재미를 깨울 수 있는 문화와 놀이를 사랑하는 사람들을 위한 환상적인 공간이라는 의미다. 루덴시아 회장님이 누구인지 찾아봤다. 루덴시아 박기영 회장님은 맥포머스를 개발하고 유통하는 짐월드 대표이셨다.

놀이는 문화가 되고 예술이 되어 삶을 풍요롭게 한다. 놀이가 회복되어야 할 필요가 있다. 아이들은 놀이를 잃었고 어른들은 놀이를 잊었다. 이런 귀한 마인드와 감성을 가지신 분을 만날 수 있게 되어 감사드린다. 아이들에게 진정한 놀이를 찾아주어야 하고 어른들에게 잊어버렸던 놀이를 다시 회복시켜주어야 한다. 이런 아름다운 생각을 가지고 계신 분이 계시는 것이 감사했다. 그날 집에 돌아와서 박기영 대표님께 감사편지를 썼다. 너무 감동된 나머지 대표님께 감사의 글을 드리고 싶었다.

오픈한 지 얼마 되지 않은 좋은 테마파크를 알게 되고 보게 해주셔서 감사하다. 루덴시아 대표님과 같이 놀이를 통해서 어른과 아이들 모두를 함께 생각하고 마음에 품고 계신 귀한 분이 있다는 것을 알게 해주셔서 감사하다.

아름다운 귀한 마음을 테마파크를 통해 표현해 주신 박기영 대표님께 감사드린다.

삶을 놀이라고 생각하고 그 안에서 벌어지는 모든 일과 사건들을 바라보면 설렘과 즐거움이 넘쳐나게 된다. 더불어 어린아이와 같은 천진난만함과 순진무구함으로 세상을 보는 눈을 바꾼다. 진짜 놀 줄 아는 사람이 행복한 삶을 살고 감사를 체험한다. 놀 줄 아는 사람은 삶의 숙제를 축제로 바꿀 수 있다. 동심의 마음으로 세상을 보면 모든 것들이 감사하는 큐 사인이라는 것을 깨닫게 된다. 감사는 행복으로 통하는 마법의 문이다. 이제 마법의 문이 활짝 열려 있다. 감사의 문으로 들어가 더 많은 행복을 누리자!

모든 인생에는
의미가 있다

의미 없는 인생은 하나도 없다. 각자의 삶은 다 가치 있고 의미가 있다. 새로운 생명을 불어넣은 것이다. 하나님이 사람을 창조하실 때 흙으로 사람을 만들었다. 그리고 하나님이 사람의 코에 생기(Breath of Life)를 불어넣으시니 산 혼(Living Soul)이 되었다. 생기는 생명의 호흡이다. 생명의 호흡은 또한 영이다. 생기는 히브리어 '네샤마'로 영, 호흡, 공기라는 뜻이다. 삶이란 진흙에 생명의 호흡을 불어넣는 과정이다. 생기가 없는 삶은 진흙 인형과 다름이 없다. 생기가 있는 삶은 살아 있는 혼이 된다. 인생은 어쩌면 생기를 불어넣어주는 삶의 과정이다. 모든 인생은 생명의 호흡을 불어넣을 때 의미가 있는 것이다. 이 생명의 호흡은 누가 불어넣을 수 있는가?

한별이가 얼마 전부터 어린이집에서 받아쓰기를 하고 있다. 받아쓰기 내용 중에 마침표, 쉼표를 쓰는 문제가 나왔다. 한별이는 마침표, 쉼표 구분하기 어려워했다. 물음표와 느낌표도 알려주었는데 그것도 어려워했다. 어른들은 문장부호들을 아무 느낌 없이 습관적으로 당연하게 잘 사용하고 있다. 하지만 '아이들에게 문장부호를 구분하기가 쉽지 않겠구나'라는 생각이 들었다.

인생에도 문장부호가 끊임없이 등장한다. 그 문장부호들을 어떻게 받아들이는가에 따라 인생의 의미는 달라진다. 인생에는 수많은 문장부호의 연속이다. 쉼표도 있고 마침표도 있고 느낌표도 있고 물음표도 있다. 처음 해보는 일은 물음표가 될지 느낌표가 될지 쉼표가 될지 알 수 없다. 모든 것이 생소하고 어색하고 잘할 수 있을까 하는 물음표도 있다. 책을 읽다가 그 안에서 새로운 것을 깨닫는 순간 물음표가 느낌표가 되기도 한다. 인생의 모든 순간에 어떤 문장부호를 사용하느냐에 따라서 의미가 달라진다. 인생을 어떻게 받아들이냐에 따라서 물음표도 될 수 있고 느낌표도 될 수 있고 쉼표도 마침표도 될 수 있다. 인생은 바라보는 관점과 해석에 따라 다르게 창조되고 의미가 부여될 수 있다. 나는 인생의 새로운 창조자다. 나는 내 인생에 의미를 부여하는 절대자다.

수원역 대기실에서 기차를 기다리다가 두 쌍둥이 아이가 다른 아이와 대화하는 것을 봤다. 쌍둥이 두 아이는 다른 또래 아이에게 1초도 망설이지 않고 인사를 한다. 그리고 술술 자기 이야기를 한다. 2분 정도가 지나니까 쌍둥이 두 아이의 집안에 모든 사정을 다 알게 되었다.

"우리 엄마는 방도 만들어줬어요! 엄마는 방도 잘 만들어줘요! 아빠는 바빠서 같이 여행을 못 가요."

아이들은 모든 면을 다 열어서 말한다. 속이고 감추는 것이 없다. 아이들의 순수하고 깨끗한 마음을 보게 되었다. 그 모습을 보고 있던 주변의 사람들은 아이들의 이러한 모습에 다들 놀라움과 기분 좋음이 가득했다. 아이들의 해맑은 웃음과 솔직한 표현들이 어른들의 마음을 녹이고 있었다. 아이들과 한 공간에 있다는 것이 너무도 감사했다. 아이들의 강력한 느낌표가 레이저 광선처럼 내 마음속에 의미 있게 의미심장하게 꽂혔다.

당신은 낯선 사람에게 서슴없이 말을 걸 수 있는가? 누구나 낯선 장소에서 낯선 사람에게 말을 걸거나 말하는 것이 부담스럽다. 쉽지는 않다. 너무 쉽게 말을 하면 속물인 것처럼, 푼수처럼 보일까 걱정되고 너무 말이 없이 앉아 있으면 무게 잡는 것처럼 보일까 봐 그냥 마음이 편하지 않다. 이 글을 쓰면서 나에게 물음표를 던져 본다. 나는 사람의 눈치를 보고 있는가? 나 자신의 마음과 상태보다 다른 사람이 어떻게 생각할까를 더 많이 생각하고 있다는 것을 발견하게 된다.

그냥 있는 그대로 받아들이는 것이다. 나의 상태에 잠시 쉼표를 찍고 좋은 것은 좋은 대로, 부족한 것은 부족한 대로 받아들이면 된다. 부족함이 있다는 것을 알아차린 것으로도 감사하다. 부족함도 감사함으로 받아들이면 물음표도 느낌표가 될 수 있다. 모든 것을 감사하는 마음으로 감사로 받아들이라는 우주의 큐 사인이다. 신호이다. 감사하는 것을 넛지로 받아들이는 순간 모든 삶은 의미 있게 바뀐다.

모든 인생에는 의미가 있듯이 모든 메달은 의미가 있다. 메달의 색깔이 중요한 것이 아니다. 모든 메달은 그 메달마다 땀과 눈물이 더해진 값진 메달들이다. 2023년 제19회 황저우 아시안게임에서 선수들의 뛰는 모습을 보면서 많은 것을 깨닫고 감동되었다.

한국 배드민턴 역사상 최초로 15세 때 중학교 국가 대표가 된 안세영은 말 그대로 '천재 소녀'라고 불렸다. 마침내 세계랭킹 1위에 올랐고, 세계선수권대회에서도 우승하면서 한국인 최초 배드민턴 단식에서 세계선수권 대회 정상에 올랐다.

황저우 아시안게임 여자 배드민턴 단식 결승전에서도 안세영 선수는 단체전과 개인전까지 우승하며 2관왕에 올랐다. 이 금메달은 1994년 히로시마 대회 당시 방수현 선수 이후 29년 만의 쾌거였다. 이 금메달은 숙명의 라이벌이라고 할 수 있는 중국 천위페이 선수를 꺾고 쟁취한 금메달이기에 더욱 값진 의미가 있었다. 지난 아시안게임에서 안세영 선수는 1회전에서 탈락하는 아픔을 겪어야 했는데 당시 상대가 천위페이 선수였다. 그리고 도쿄 올림픽 8강전에서도 만나 패배를 당하고 지난해까지 천위페이 선수에게만 7연패를 당하는 고전하는 모습을 보여주었다. 이 상황을 극복하고 얻은 승리였다. 심각한 무릎부상을 가지고 극복한 승리였기에 더 의미가 큰 경기였다. 보는 사람 마음이 감동될 수밖에 없었다.

안세영 선수는 경기가 끝나고 인터뷰에서 "진짜 힘들었어요. 진짜 힘들었는데 그래도 포기하지 않으니까 되더라고요! 아무 생각도 못했어요. 다만 뛰는 것에 감사하고, 뛸 수 있음에 감사하고 내 길을 갈 수 있음에 너무나 감사했어요"라고 했다. 믿을 수 없는 정신력으로 승리를 거두었다. 경기가 끝나자마자 안세영 선수는 그동안 참았던 눈물을 터뜨렸다. 승리의 포효와 함께 감동의 눈물을 흘렸다. 21세의 어린 나이에 의젓하게 인터뷰하는 모습이 아름다웠다.

안세영 선수는 "항상 천위페이 선수에게 지면서 벽이라고 느꼈던 선수를 이기고 우승까지 할 수 있어서 자신이 자랑스럽다"라고 말하며 실패해본 것이 가장 큰 동기부여가 되었다고 말했다.

항상 감사하는 마음을 가지고 감사할 줄 아는 모습이다. 실패와 한계도 있었다. 그러나 실패가 큰 동기부여가 되어 물음표를 승리의 느낌표로 바꾸어 버렸다. 감사하다. 안세영 선수에 감사하다는 말을 전해 주고 싶다. 넛지 감사로 우주가 나에게 감사하라는 큐 사인을 받게 해주어서 감사하다.

얼마 전에 미국 오리겐에서 〈2023년 다이아몬드 파이널 세계 육상선수권 대회〉에서 높이 뛰기 우상혁 선수가 대한민국 최초로 우승을 차지했다.

우상혁 선수는 8살 때 교통사고를 겪은 뒤 후유증으로 양발의 크기가 다르지만 이를 극복했다. 왼발이 오른발보다 더 작아서 다른 선수들보다 더 많은 훈련을 해야 했다. 육상 관계자에게서 짝발로는 높이뛰기를 할 수 없다는 비판적인 이야기도 들었다. 그런 불리한 조건에서도 우상혁 선수는 포기하지 않고 도전해서 한국 신기록을 갈아치웠다.

우상혁 선수의 가장 장점은 '스마일 점퍼'라는 별명처럼 밝고 긍정적인 성격이었다. 그는 항상 높이뛰기를 뛰기 전에 매력적인 웃음으로 관중들로부터 뜨거운 호응을 받았다.

그에게는 어두운 시절도 있었다. 부상으로 훈련도 할 수 없는 상황에서 슬럼프에 빠져 있었다. 그런 그를 김도균 코치는 "넌 반드시 세계적인 선수가 될 수 있다"라며 그의 마음을 다시 잡아주었다. 우상혁 선수는 김 코치 덕분에 벼랑 끝에 있던 어려움을 이겨낼 수 있었다며 감사한 마음을 전했다.

우상혁 선수는 높이뛰기를 하면서 인생을 즐기고 있다는 인상을 받았다. 억지로 힘들게 뛰는 것이 아니라 스스로 이것을 통해 행복한 삶을 사는 모습이 아름답다. 우상혁 선수처럼 행복하게 높이뛰기를 뛰는 모습을 볼 수 있게 해주어서 감사하다. 시청자들에게 항상 밝은 에너지를 주어서 감사하다. 강력한 느낌표를 선물로 받아서 감사하다.

메달을 딴 모든 선수의 공통점은 어려움과 힘든 과정이 있었으나 시련과 아픔의 과정을 이겨냈다는 것이다. 그들은 환경과 과정을 원망하지 않았다. 그 대신 자신의 한계를 극복했다. 그리고 좋은 멘토들이 있었다. 그 과정에서 항상 주변 사람들에게 감사하는 것을 잊지 않았다. 그 안에는 쉼표와 마침표, 물음표, 느낌표가 다 들어 있다. 그 인생의 문장부호를 어떻게 해석하고 받아들이냐에 따라 인생의 의미가 달라진다. 인생의 문장부호에 생명의 호흡을 불어넣을 때 생기가 넘치는 의미 있는 삶이 된다.

사람은 모두 하나님의 창조물이다. 하나님이 인간을 창조하셨다. 발명품의 목적을 알 수 있는 가장 쉬운 방법은 그것을 만든 사람에게 물어보는 것이다.

내가 왜 이 세상에 존재하는가? 내 인생의 삶의 목적은 무엇인가? 내 인생은 어떤 의미가 있는가? 이것을 알고 싶다면 하나님께 여쭤보라! 나 자신에게 이 질문을 던져보라! 하나님께 물음표를 던져라! 그리고 나 자신에게 물음표를 던져보라!

내 인생에 힘이 되어준
감사의 인연

대학교 4학년 때 신검, 군대에 가기 위한 신체검사를 받았다. 2학년 때 신체검사 기준이 158cm에서 162cm로 바뀌었다. 그때 키가 161cm로 나와서 2급 판정을 받게 되었다. 키가 작은 것으로 단기사병, 방위병 판정을 받을 줄은 상상하지도 못했다. 신체검사를 받을 때 키를 조금 옆으로 재는 것 같아 조금이라도 키가 커 보이려고 애썼는데 딱 1cm 차이로 방위병 판정을 받게 된다니 너무 속이 상했다. 그러나 그 당시 나는 친구들의 부러움의 대상이었다. 마지막 방위라며 신의 아들이라고 불렀다. 1993년 2월에 소집되어 1994년 8월에 소집해제가 되었다. 방위병 제도는 1994년까지만 운영되었고, 방위병으로 1년 6개월을 복무했다. 지나고 보니 키가 작아 방위병이 된 것도 얼마나 감사한 일인지 모른다. 돈으로도 살 수 없었던 시간을 선물로 받았으니 말이다.

만약 대학교 2학년 때 신체검사를 받았다면 현역으로 군대에 갔을 것이다. 또한, 조금만 늦게 군대에 갔어도 방위병 제도가 없어졌기 때문에 현역으로 갔을 것이다.

어떤 것도 내가 의도한 것이 없었다. 나는 다만 교회에서 전도사로 있었기 때문에 현역으로 군대에 가지 않게 되어 교회에 봉사를 계속할 수 있게 되어 감사했다.

훈련교육대에서 4주 훈련을 마치고 자대 배치받을 때도 마지막에 주소를 기록하는 곳에 집 주소를 적지 않고 교회 주소를 적었다. 교회 주소는 마포구 동교동이었다. 그때는 왜 그랬는지 몰랐다. 갑자기 '내 집은 교회가 아닌가?' 하는 생각이 떠올랐기 때문이다. 집에서 교회 다니는 것을 반대해서 상황이 쉽지 않았다. 나는 교회에서 가장 가까운 곳으로 자대배치를 받았다. 15분 거리로 마포구 망원동에 있는 수방사였다.

지금은 전설 속으로 사라졌지만, 방위 시절 군복에 공수 휘장을 달고 다니던 무리도 있었다. 강하뿐 아니라 팀 스피릿, 군단 합동훈련, 연대, 대대, 중대, 준비 태세, 5분대기, 유격, 대침투, 행군 등 수많은 훈련을 받는 방위로 유명했다. 당시 전방 부대가 경계나 이런저런 작업 등에 많이 소모되던 것에 비해 이러한 방위부대는 진지공사 등의 주요 작업을 제외하면 밥을 먹고 훈련만 해대고 집에 안 가기도 다반사였기 때문에 사실 전투기술만으로는 어지간한 부대에 맞먹는 정도였다. 방위병에게 100㎞ 행군을 시키는 유일한 부대인 송추방위였다.

나는 방공포대에서 보급병으로 보직을 받았다. 중대 보급을 총괄해야 하는 업무이다 보니 모든 훈련은 다 열외가 되었다. 출근을 한 시간 일찍 한다고, 퇴근도 한 시간 일찍할 수 있도록 배려해주었다. 새벽에 보급받으려고 가는 길이 교회 앞을 지나가는 중대로 출근하지 않고 교회 앞에서 출근하는 배려도 받았다. 모든 것이 하나님을 섬길 수 있는 환경을 주셨다고 믿었고 하나님을 사랑하는 마음으로 불타 있었다. 봉사할 기회를 주셨다고 믿고 항상 감사하며 생활했다. 한 번도 편한 군생활을 바라지 않았다.

내가 바란 것은 교회생활을 잘할 수 있는 곳이면 다 좋았다. 자대 배치받기 전에 어머니께서 친척 중에 장군이신 분에게 부탁해줄까, 말씀하신 것도 거절했다. 나는 편하고 쉬운 길을 가려는 것이 아니고 하나님과 함께하는 길을 가고 싶었다. 자대 배치받던 첫날 인사계와 장교들이 농담으로 던지던 말이 여기에 올 수 있는 사람은 '빽 (배경)'이 없으면 못 오는데 누구 빽으로 왔냐고 물었다. 나는 진지하게 생각하다가 '아, 참! 나도 빽이 있었지' 하고, "예. 있습니다. 하나님 빽으로 왔습니다"라고 크게 대답해 한참 동안 웃음바다로 만들었다.

남자들은 거의 군대를 다녀오기 때문에 군대 이야기를 많이 하게 된다. 지금 생각해보면 가장 기억하기 싫은 기억일 수가 있는 시간이 나에게는 감사하고 행복한 선물 같은 일들이 너무도 많았다. 군생활을 교회에서 출퇴근했다. 자연스럽게 집에서 처음으로 독립할 수 있었다. 대학생 숙소에 함께 지내게 되어 교회생활을 더욱 열심히 할 수 있었다.

군대를 대학을 졸업하고 오다 보니 장병들보다 오히려 나이가 더 많았다. 선임자는 "너 사회에서 뭐 하다 이렇게 군대 늦게 왔어?"라고 물으며 한 대 때리고 "나이가 많다고 유세 떠냐? 불만 있어?"라고 하며 한 대 때리고는 했다. 어떤 선임자는 내가 교회 다니고 전도사라는 것을 알고 기분 나쁘다며 군생활 내내 갈구기도 했다.

나는 이런 것이 군생활이구나 어떤 것도 쉬운 것은 없다는 것을 깨닫게 되었다. 그 선임자가 처음에는 원망스러웠다. 쉽게 받아지지 않았다. 이때의 경험들이 나를 성장할 수 있게 해주었고 더 깊은 인간관계를 배울 기회를 주었다.

제대할 때쯤에는 그렇게 날 괴롭혔던 선임자가 본인도 교회에서 회장도 하며 잘 다녔는데, 지금은 다니지 않아 날 망가뜨리고 싶었다고 미안했다고 말했다. 진심으로 사과하며 친구처럼 지내자고 했다. 헤어질 때 즐거운 추억으로, 좋은 기억으로 헤어질 수 있게 되어 너무도 감사했다.

우리 중대의 박범우 중대장님은 사관학교 출신으로 모든 면에서 적극적으로 군생활을 하셨다. 나는 그런 중대장님이 존경스러웠다.

점심시간에 장병들과 함께 축구를 하실 때면 항상 열심히 뛰시고 최선을 다하셨다. 모든 장병에게도 인격적으로 대우해주셨다. 중대장님은 여러 가지로 배려도 많이 해주셔서 항상 감사했다. 중요한 때 휴가가 필요해서 중대장님께 사정을 말씀드렸더니 흔쾌히 허락도 해주셨다. 나는 중대장님을 항상 감사한 분으로 마음속에 간직하고 있었다.

제대 후 15년이 지난 어느 날 전철을 갈아타려고 가는 길이었다. 스쳐 지나가는 사람 중에 낯익은 분이 지나가시는 것이었다. 그분이 바로 박범우 중대장님이셨다. 많은 사람 사이에서 어떻게 아는 사람을 발견할 수 있었는지 놀랍다. 15년이 지난 후에 지나가는 길에 군대의 중대장님을 만날 확률이 얼마나 될까? 중대장에게 감사하는 마음을 갖고 살았기 때문에 만나게 된 것이라고 믿는다.

"안녕하셔요, 6중대 단기사병 김봉선입니다"라고 인사를 드렸더니 중대장님은 신기하게도 곧바로 나를 알아보셨다. "아, 그래. 알지. 봉선이 보급병으로 근무했잖아. 기억난다." 중대장님도 나에 대해 좋은 기억을 하고 계셨다. 중대장님이 "봉선이, 너는 지금 뭐 하고 지내냐? 지금도 교회에 열심히 다니냐? 봉사도 많이 하고 있냐?" "예. 저는 사회복지를 전공하고 지금 웃음 강사로 봉사활동하고 있습니다"라고 말씀드렸다. 중대장님은 "나는 이제 대대장으로 전방에 있는 부대에 있어, 장병들 사기를 위해 우리 부대와 와서 웃음 강의를 해줄 수 있냐?"고 말씀하셨다. 나는 "예, 알겠습니다. 이렇게 만난 것이 우연이 아니라 좋은 인연으로 다시 만나게 되어 너무 감사합니다. 부르시면 시간을 내서 언제든지 달려가겠습니다"라고 말씀드렸다. 그것이 인연이 되어 대대장님이 되신 지금도 계속 만남이 이어지게 되었다.

얼마 후에 박범우 대대장님으로부터 웃음 강의를 부탁하시는 연락이 왔다. 나는 흔쾌히 강의하겠다고 대답했다. 스케줄을 조율해서 강의 날을 잡았다. 전방에 있는 부대까지 가는 길이 가깝지는 않았다. 인천에서 300km가 넘는 길을 가야 했다. 그 당시에는 내비게이션도 없어서 길을 찾아가기가 쉽지는 않았다. 군부대를 찾아가야 해서 정확한 주소가 없었다. 어디까지만 오시면 부대에서 마중을 나온다는 연락을 받았다. 하지만 길이 생각한 것보다 험했다. 장거리 운전이라 강의 며칠 전에 자동차를 전체적으로 정비도 받았다. 그때 온 세상을 누리라고 해서 누비라Ⅱ를 타고 있었다. 부대에 다가갈수록 고개가 많았다.

또 다른 고개를 넘는 순간에 갑자기 차에서 '뚝' 하고 끊어지는 소리가 나더니 차가 내가 원하는 대로 조정이 되지 않았다. 순간 많이 당황하게 되었다. '아, 이러다가 차가 낭떠러지로 어떻게 되는 것 아닌가?' 하는 생각도 일어났다. 다행히 차는 오르막에서 멈춰섰다. 부대 관계자와 연락이 되어 차는 정비소에 맡기고 다행히 강의하는 데는 지장이 없었다. 강의는 무사히 잘 끝났고 박범우 대대장님도 매우 만족하시며 "여기까지 와서 웃음 강의도 해주고 정말 고맙다"라고 하셨다. "저는 대대장님 덕분에 좋은 여행했습니다"라고 대답해 드렸다. 왠지 다른 강의 때 보다 뿌듯했고 국가에 도움이 된 것 같아 기분이 좋았다. 대대장님은 내가 사회복지 시설을 하게 되면 자원봉사를 해주시겠다고 말씀하셨다.

정비소에 들러서 어떤 것이 문제가 있었는지 여쭤봤다. 팬 벨트가 끊어졌단다. 만약에 고속주행에 팬 벨트가 끊어졌으면 정말 위험했다고 설명해주셨다. 정비소의 직원은 나에게 "선생님은 운이 정말 좋으십니다"라고 말해주셨다.

그때 깨달았다. 며칠 전에 정비하면서 발견하지 못했는데 갑자기 팬 벨트가 고속주행에서 달리다가 끊어지지 않은 것이 여기에 웃음 강의하려고 왔기 때문에 살았다는 것을 깨달았다. 순간적으로 많은 일이 스쳐 지나갔다. 전철역에서 스쳐 지나가는 대대장님을 만난 것, 강의 부탁을 받고 흔쾌히 하겠다고 한 것 등 모든 것이 떠올랐다. 순간순간의 일들이 다 감사하게 여겨졌다.

"하나님. 감사합니다. 저의 모든 것을 인도하시는 손길에 감사합니다. 순간순간이 다 감사하는 내용이고 감사하는 대상이고 감사하는 이유인 것을 알게 되었습니다. 박범우 대대장님과의 재회의 인연이 얼마나 감사한지 모릅니다. 첫눈에 저를 알아봐주신 것도 감사합니다. 검증되지 않은 감사를 그 많은 부대원 앞에 흔쾌히 서게 해주신 신뢰에 감사드립니다. 처음 경험한 패기 넘치는 남자들만의 우렁찬 웃음소리가 지금도 귀에 쟁쟁하게 들리는 듯합니다. 감사합니다. 다 대대장님 덕분입니다. 감사합니다."

있는 그대로의
나를 사랑하자

아이랜드의 소설가 오스카 와일드(Oscar Wilde)는 "나를 사랑하는 것
이야말로 평생 지속되는 로맨스다"라고 말했다.

있는 그대로의 나를 받아들이는 것은 일시적인 과정이 아니라 평
생에 걸친 과정이다. 나와 성격이 다른 사람과 비교하면서 나를 바
꾸려고 억지 노력하는 것은 불행한 일이다.

있는 그대로의 나를 받아들인다는 것은 다른 사람과 비교해서는
얻을 수 없다. 비교하는 순간부터 머리가 복잡해지고 혼돈에 빠지게
된다. 모든 불편한 마음은 비교하면서 생긴다.

먼저 자신을 스스로 괜찮다고 인정해주고 나에게 용기를 불어넣
어주자! 삶을 바꾸고 새로운 것에 도전하고 변화할 수 있는 것은 먼
저 자신을 있는 모습 그대로 인정하는 것이다.

오랜 시간이 흘렀는데도 잊히지 않는 기억이 있다. 초등학교 5학
년 때의 일이다. 음악 실기시험을 보는 날이었다. 눈에 대한 곡을 부

르는 시험이었다. 한참을 연습하고 한 사람, 한 사람 앞에 나와서 시험을 봤다. 평소에 노래를 잘하지 못했기 때문에 연습을 많이 했는데도 노래 부르는 것은 자신이 없었다. 옆에 있던 짝꿍이 눈에 관한 비슷한 노래를 불러 자주 헷갈리게 했다. 그 멜로디를 기억하지 않으려고 연습하면 할수록 더 생각이 나는 것이었다. 내 차례가 되었다. 노래를 시작하고 중간에 역시나 짝꿍이 부르던 멜로디가 나와서 결국은 노래를 다 부르지 못했다. 선생님은 나를 맨 나중에 다시 부르라고 하셨다. 친구들의 노래가 다 끝나고 다시 내 차례가 되었다. 긴장을 많이 하니까 더 떨리고 창피했다. 노래를 다시 불렀지만 똑같은 멜로디에서 또다시 짝꿍의 멜로디가 나왔다. 결국에는 끝까지 부를 수가 없었다. 그날의 기억은 트라우마로 오랫동안 나를 힘들게 했다. 친구에 대한 원망도 있고 노래에 대한 자신감도 상실하게 되었고 다른 사람 앞에 서는 것까지도 자신이 없어졌다.

중학교에 들어가서도 비슷한 일이 있었다. 그 당시에는 집 가까운 곳으로 배정된 것이 아니고 추첨을 통해서 배정되었다. 한 반에서 5~6명 정도가 다른 지역으로 배정되었다. 그중에 나도 속하게 되었다. 나는 여의도중학교에 배정되었다. 그 당시에 집이 영등포 신길동에 있었는데 여의도로 학교에 다니게 되었다. 대부분이 여의도에 사는 학생들이고 70명 중에서 10명 정도만이 다른 지역에 사는 학생들이었다. 그래서 여의도에 사는 학생들과 다른 지역에 사는 학생들과 보이지 않는 격차와 차별이 있었다.

어느 날 고전문학을 배우는 국어 시간이었다. 고전문학 한 부분을 선생님께서 일어나서 읽어보라고 시키셨다. 나는 너무 긴장되어 틀리고 버벅거리며 잘 읽지 못했다. 너무도 창피했다. '이제는 책도 읽지 못하는구나. 말을 할 때 말더듬이가 있듯이 나는 책을 읽을 때 더듬는 글 더듬이인가.' 그 일이 있었던 후부터 글을 자주 틀리게 읽고 틀리지 않게 읽으려고 하면 할수록 더 틀리게 읽어졌다. 공개적으로 책을 읽을 때는 더 떨고 긴장이 되었다. 계속 이런 일이 반복되다 보니 점차 책을 가까이하는 것도 싫어졌다.

이런 분위기에서 학교 다니는 것은 나를 열등감에 위축되게 했다. 신체적으로 키도 작고 마르고 왜소했다. 왜 그리 시간이 잘 안 가던지, 항상 기가 죽어 지냈던 것 같다.

여의도에 사는 친구들은 공부도 잘하고 키도 크고 운동도 잘했다. 여의도에 살지 않는 친구들과 비교가 되었다. 지금 생각해보면 아무것도 아닐 수도 있다. 그런데 그때는 그것이 참 나를 힘들게 했다. 나는 공개적으로 다른 사람 앞에서 나를 드러내는 것이 너무나 부담스러웠다. 학교에서 나의 존재감은 거의 없었다. 이것이 나의 중학교 때 기억이다.

중학교가 끝날 무렵 나에게 크나큰 획기적인 일이 발생했다. 교회 수련회에서 내 안에 살아 계시는 하나님을 체험했다. 6세 때부터 교회를 다녔지만, 이때가 살아계신 하나님을 주관적으로 체험한 순간이었다. 나는 '나'라는 존재가 귀하고 가치 있다는 것을 하나님을 만나면서 깨닫게 되었다. 내면의 살아 있는 힘이 나를 강하게 깨웠다.

고등학교 1학년 때는 예수전도단에 속해 있었다. 예수전도단에서는 화요일마다 광화문에서 찬양하는 모임이 있었다. 많은 사람이 찬양 예배에 참석했다. 그 예배 중에 찬양하다가 느낌이 있으면 소리 내서 기도할 수 있었다. 그러나 실제로 기도하는 사람은 앞에서 인도하는 리더들과 사회를 보는 분 외에는 거의 없었다. 그런데 그때 나는 어디에서 그런 용기가 났는지 "주 예수님을 찬양합니다"라고 선포했다. 이런 나에 대해 내가 더 놀랐다. '그 많은 사람 가운데 내가 이렇게 크게 선포하면서 기도할 수 있다니!' 이것은 내가 한 것이 아니었다. 분명 내 안에 강력한 어떤 존재가 있다는 것을 깨닫게 된 사건이었다.

나는 웃음을 만나고 나서 더 많은 변화를 가져왔다. 17년 전에 웃음을 만난 것은 나에게 특별한 전환점을 마련해주었다. 그때는 우리나라에 웃음치료가 처음 도입되던 시기였다. 한국웃음연구소의 이요셉 소장을 만나면서 한 발 뒤로 물러나 한 걸음 앞으로 나갈 수 있는 새로운 나로 변화되었다.

웃음 강의를 하면서 이런 말을 많이 했다.

"나는 내가 좋다. 나는 내가 좋다. 나는 내가 참 좋다. 나는 내가 아무 조건 없이 참 좋다."

　나는 이 말을 참 좋아한다. 이 말을 하면서 나를 안아주면서 토닥토닥 힘을 불어넣어줄 때 마음이 따뜻해지면서 한없는 평화를 느낀다.

　나를 사랑하는 것은 아무 조건 없이 사랑하는 것이다. 있는 그대로의 모습을 사랑하는 것이다. 정말 신기하게 이 말은 마음을 따뜻하게 녹이고 사랑의 감정이 일어나게 만들어 준다.

　웃음 강의를 시작할 때, 'Ice Break' 즉 얼음 깨기 시간을 갖는다. 어느 날 TV를 보다가 얼음에 빠진 사람을 119구조대원이 구출하는 장면을 본 적이 있다. 빠지기는 쉬워도 한 번 얼음에 빠진 사람이 스스로 밖으로 나오기는 쉽지 않았다. 그 장면을 보면서 우리의 마음도 똑같다는 것을 깨달았다. 사람들이 잘 웃지 못하는 것은 마음이 얼음처럼 얼어붙어 있어서 그 안에 갇혀 있기 때문이다.

　인생을 살면서 마음이 상처받고 강퍅해지면서 얼음처럼, 차갑게 조금씩 쌓이고 두꺼워진다. 마음이 경직되면 얼굴도 경직되어 간다. 그 굳어진 것을 깰 수 있는 것이 바로 웃음이다. 딱딱하게 굳어진 마음도 웃음이라는 망치를 이용해 깨뜨릴 수 있다.

　실제로 얼음에 빠졌다고 생각한다면 거기에서 나올 때 어떻게 할 것인가? 온 힘을 다해 살려 달라고 외칠 것이다. 그 절박한 외침은 얼어 있는 마음을 깨뜨린다. 강력한 웃음의 힘으로 단단한 마음을 깨고 나오는 순간이 감옥에서 해방되는 것이다. 한 번의 웃음의 힘을 맛보면 살맛이 난다. 살아갈 힘이 난다. 밥맛이 난다. 인생에서 나의 놀라운 잠재력, 치유하는 능력, 웃음의 힘을 체험해보기를 바란다.

웃음은 나의 얼어붙어 있는 많은 소극적인 것들을 깨뜨려주었다. 원망과 시기와 비교와 열등감과 나의 내성적인 성격까지 완전히 갈아엎어 주었다. 부끄럼이 많고 수줍어하는 성격과 기질을 바꿔주었다.

웃음의 분량은 행복의 분량이고, 감사의 분량은 행복의 분량이라는 것을 알게 되었다.

"행복해서 웃는 것이 아니라 웃기 때문에 행복한 것이고 행복해서 감사한 것이 아니라 감사하기 때문에 행복한 것이다."

바로 웃음과 감사가 하나인 것을 깨달았다. 다른 사람 앞에 서는 것이 더 이상 두려움이 아니라 즐거움이 되었다. 그것은 나에게 크나큰 변화이고 혁명이었다. 감사하는 마음은 웃음을 통해 표현된다. 감사하는 마음의 실제가 바로 웃음으로 나타난다. 감사하는 삶을 살고 있는 '척도'가 웃음이다.

웃음을 만난 것이 얼마나 감사한 일인지 모른다. 웃음을 통해 수

많은 귀한 사람들을 만났다. 17년 동안 600회 정도의 강의와 강연을 통해 만났던 수많은 사람에게 감사드린다. CEO 모임, 초등학교 어린이들, 아동보호시설, 여성보호시설, 쉼터, 고용지원센터 등등 시각장애인, 교장 선생님. 공익요원, 구인 사회복지 공무원, 소방대원, 서울역 노숙자, 교도소 정말 다양한 분들을 만나게 해주셨다. 청송교도소의 재소자분들을 매주 강의했을 때도 생각이 난다. 그중 몇몇 재소자는 나에게 편지를 써 계속 소식을 전해준 친구들도 있었다.

그분들 덕분에 오늘날 지금의 내가 있게 되었다. 강의를 준비하면서 웃음은 한 사람, 한 사람의 소중함을 깨닫게 되었다. 강의를 준비하는 시간이 행복했고 강의를 준비하는 동안 기쁨과 감사의 눈물을 흘리는 시간이 많았다.

많은 깨달음과 아이디어와 영감이 생겼다. 다음 강의에서 깨달은 것을 함께 나누고 싶어서 손꼽아 기다린 날도 많았다. 나를 만나는 모든 분이 웃음의 맛을 함께 맛봤으면 좋겠다는 마음으로 말이다. 내가 맛본 웃음을 함께 누리기를 바라는 마음이 간절했다. 강의를 한 시간에서 두 시간을 해도 온몸이 땀으로 범벅이 되어도 힘든지 몰랐다. 오히려 힘이 더 솟아오르고 행복했다.

항상 웃음을 통해 얻은 축복을 깨달은 것을 알려드리고 싶은 마음이었다. 웃음을 전하는 것은 설렘과 기대로 가득 찼다. 웃음을 처음 접하는 분들은 웃음을 만나 새로운 삶을 살게 되었다고 고마워하시는 분들이 많았다. 그로 인해 보람과 자긍심을 느끼게 되었다. 감사를 만났을 때도 이와 같다. 웃음은 생명이고 감동의 선물이다. 인생의 순간순간을 웃음으로 살아야 하듯 감사도 생명이고 호흡이다. 감사하는 마음은 치유의 힘이 있다. 웃음과 만남이 설렘과 환희였듯이 감사를 만남으로 그 설렘과 환희를 다시 맛보게 되니 행복하다.

나는 나를 사랑한다. 나는 나를 있는 그대로의 나를 사랑한다. 부끄럼을 많이 타는 나를 사랑한다. 부족한 것이 많은 나를 사랑한다. 웃음과 감사로 당당하고 새로운 삶을 사는 나를 사랑한다. 있는 그대로의 나를 사랑한다. 잘난 사람도 못난 사람도 부족한 사람도 여전히 사람은 사랑스러운 존재이고 사랑받을 자격이 있는 존재이다.

모든 사람은 존귀하고 소중한 존재다. 그 존귀하고 소중한 사람들 모두가 웃음과 감사를 통해 새로운 세상을 맛봤으면 좋겠다.

감사하는 습관은
행복과 기적을 끌어당긴다

내가 대학교 2학년 시절, 1990년에는 해외여행이 많지 않았다. 교회에서는 매년 미국 특별집회가 개최되었다. 미국에서 열리는 특별집회에 참석하고 싶어서 미국 비자를 신청하게 되었다. 미국 비자를 신청하는 절차도 복잡했다. 보증인과 재산세 증명서가 필요했다. 교회 형제님이 보증을 서 주셔서 미국 비자를 신청할 수 있었다.

그러나 대사관 인터뷰에서 비자 신청이 거절되었다. 학생인 경우와 미혼인 경우는 비자가 잘 나오지 않았다. 꼭 참석하고 싶은 집회였는데 포기할 수밖에 없었다. 미국 비자를 거절당한 사람은 블랙리스트에 이름이 있어 다음에 미국 비자를 내기가 어렵다는 말을 듣게 되었다. '이번 생에서는 미국을 들어가는 것이 쉽지 않겠구나. 미국이라는 나라에 들어가기가 천국에 가는 것보다 더 어려운 것인가?' 라고 생각했다.

졸업 후에 대만으로 전 시간 훈련과정에 참석하게 되었다. 나는 중국어를 공부한 적이 없었다. 중국어를 못하는 상황에서 어떻게 훈련하러 갈 수 있을까? 대만에서는 중국어와 영어로 수업했다. 다행히 한국분들이 함께 참여해서 6개월 동안은 한국어 통역이 있었다.

대만에 가기 전에 6개월 동안 중국어를 가르쳐준 교회 자매님이 계신다. 나에게 처음으로 중국어를 가르쳐주신 분이다. 중국어를 아무것도 모르고 시작했기 때문에 도움을 주신 자매님께 너무도 감사하다.

아버지가 돌아가신 지 얼마 되지 않았던 상황이었다. 1년 이상 대만에서 훈련받는 과정이었기 때문에 가장인 나로서는 어머니와 두 동생이 걱정되었다. 그때 교회에서 한 무리의 자매님들이 헌신적으로 나를 위해 기도와 물질로 공급해주셨다. 어머니와 동생들을 심방해주셨고 나의 가정을 돌봐주셨다. 자매님들은 걱정하지 말고 대만에 다녀오라고 말씀하셨다. 덕분에 편안한 마음으로 대만으로 훈련을 떠날 수 있었다. 이 자매님들이 아니었으면 대만에 갈 엄두도 나지 않았을 것이다.

인간이라는 존재는 혼자서는 아무것도 할 수가 없다. 모든 것은 누군가의 도움과 헌신으로 이루어진다는 것을 깨달았다. 한순간도 감사하지 않은 순간이 없었다. 감사의 말이 나올 수밖에 없었다. 그래서 감사는 억지로 나오는 것이 아니라 저절로 나오는 것이다.

나는 3박 4일 수련회가 아무리 좋아도 4일째가 되면 힘들어했다. 이런 내가 한국을 떠나 대만에서 1년 동안이나 전 세계에서 모여든 낯선 청년들과 일상생활을 함께할 것을 마음을 먹었다니! 그런 선택을 할 수 있었던 내가 대견하고 자랑스럽다. 나는 한편으로는 너무도 약하고 깨지기 쉬운 질그릇인 것을 잘 안다. 하지만 내 안에는 최고로 귀한 보물인 하나님을 담고 있다. 나는 질그릇이지만 보물을 담고 있다. 나는 하나님의 창조물이다. 하나님의 최고의 창조물 중에서 최고의 걸작품이다. 나는 최고의 청지기 직분을 가진 사랑받는 하나님의 아들이며 하나님께서 귀히 쓰시는 그릇이다.

대만에 가서도 일주일에 한 번씩 토요일 아침마다 국제 전화로 대만에서 공부하고 배운 것을 한 시간 이상 통화했다. 전화카드만 백개가 넘었다. 그 비용을 자매님들이 다 내주셨다. 대만에서의 모든 훈련 비용은 교회에서 지원해주셨다. 교회에서 전적으로 지원해준 것은 내가 처음이었다. 나는 감당할 수 없는 은혜를 받았다.

대만에서 훈련받는 중간에 모든 훈련생이 미국에서 개최하는 집회에 참석하게 되었다. 그러나 나는 미국 비자가 없었다. 한국에서 이미 미국 비자가 거절된 상태이기 때문이다. 훈련생 전체가 가는 상황에서 비자가 없으면 미국으로 갈 수가 없었다.

'이번에는 반드시 미국에 가야 합니다. 나를 위해서가 아니라 당신의 뜻을 위해 나를 보내셔야 합니다. 당신은 나를 위해 미국 비자

를 주셔야 합니다. 이미 나에게 주셨음을 감사드립니다.'

한국에서 온 형제자매들은 개인적으로 대사관 인터뷰를 해야 했다. 나는 담대하게 인터뷰했다. 대사관 직원이 질문하는 내용에 중국어로 조금은 어설프지만, 대답은 확신에 찬 말로 당당하게 대답했다. 왜 미국에 가야 하는지 무엇 때문에 가야 하는지 또박또박 대답했다. 나는 하나님을 사랑하고 하나님의 말씀을 듣기 위해 가야 한다고 말했다.

정말로 기적이 일어났다. 미국 비자가 나온 것이다. 대만에 사는 형제자매들은 1년 비자가 나왔다. 그런데 나는 1년도 아니고 5년도 아닌 10년짜리 비자가 나왔다. 나는 알았다. 하나님이 온 우주를 사용해서 기적을 일으키셨다는 것을 말이다. 나는 하늘과 땅이 가까움을 체험했다. 온 우주가 나를 향해 화답하고 있었다. 하나님이 나를 사용하시고 축복의 근원이 되도록 움직이신다는 확신이 있었다.

나의 삶을 뒤돌아보니 너무 많은 은혜와 축복을 받은 자임을 깨닫게 해주셨다. 이 땅에 태어나서 나를 위해 헌신하고 도움을 준 분들이 이렇게 많은 줄을 몰랐다.

얼마 전에 단풍이 너무 아름답게 물들어서 단풍으로 유명한 곳인 화담숲을 방문했다. 상당히 넓고 산을 오르는 코스였기 때문에 시간이 오래 걸리고 힘이 들었다. 3시간 이상을 단풍을 감상하고 사진도 찍다 보니 아내도 그렇고 나도 많이 지쳤다. 아내와 나는 중간중간

몸을 보충하는 먹을 것을 준비하고 갔지만, 에너지가 거의 방전 상태였다. 생각한 것보다 해가 빨리 떨어졌다. 해가 지니 주변이 갑자기 칠흑같이 어두워졌다. 바람이 많이 불더니 날씨도 추워졌다. 캄캄한 상태로 내려오는 밤길은 상당한 시간이 소요되었다. 주차장에 도착했을 때는 몸이 으쓱으쓱하고 재채기가 나왔다. 감기, 몸살 끼가 있었다.

막 집으로 출발하려고 하는데 딸 수정이에게서 전화가 왔다. 아들 영준이가 독감에 걸려서 힘들어한다는 내용이었다. 영준이는 몸이 아파도 엄마 걱정 끼쳐드릴까 봐 전화하지 않고 간호사인 누나에게 전화해서 어떻게 해야 하는지를 물어본 모양이다.

수정이는 근무라서 영준이에게 갈 수 없는 상황이었다. 수정이는 영준이에게 갈 수 없어 속이 상해서 울면서 전화를 한 것이다. 아내는 집으로 돌아오자마자 며칠 동안 먹을 것을 준비해서 용인에서 부천으로 출발했다. 아내는 본인의 몸도 아프고 저녁 식사도 하지 못한 상태였지만 개의치 않았다. 밤을 새워 가며 간호하면서 고열로 신음하고 있는 영준이를 돌봤다. 이 사건으로 인해서 영준이는 엄마에게 감사함을 더 느끼게 되었고 나에게도 더 마음을 열게 되었다.

사람은 시련과 아픔이 있을 때 성숙하게 되고 깊어지고 깨달음 얻게 된다. 좋은 환경에서 감사하는 것은 누구나 다 할 수 있다. 그러나 어려운 환경과 시련과 역경의 상황에서도 감사할 수 있어야 한다.

감사할 수 없다고 생각하는 것은 내가 정한 한계다. 내가 만든 감옥이다. 내가 만든 감옥의 한계에서 벗어나야 한다. 한계는 그 누구도 아닌 내가 스스로 만들어낸 것이다. 이것은 되고 저것은 안 되고 정해놓은 것은 바로 자신이다. 이 한계의 선을 무너뜨릴 때 모든 것을 다 감사할 수 있게 된다.

행복과 기적이 나의 삶에 나타나는 것은 내가 행복과 기적을 끌어당겼기 때문이다. 감사가 바로 행복과 기적을 끌어당긴다. 아직 받지 않은 것을 감사해본 적이 있는가? 선물을 받으면 감사하다고 말할 수 있다. 그러나 아직 받지 않은 것을 감사하는 것이 감사의 시작이라고 할 수 있다.

성경 〈마가복음〉 11장 24절에서 "그러므로 내가 너희에게 말하노니 무엇이든지 기도하고 구하는 것은 받은 줄로 믿으라 그리하면 너희에게 그대로 되리라"라고 말씀하셨다.

내가 원하는 것은 이미 비물질세계에서는 이루어졌다. 다만 육신을 입고 있는 물질세계에 나타나지 않았을 뿐이다. 그 모습이 나타나기까지 버퍼링 시간이 걸릴 뿐이다. 이미 받았다는 기쁨으로 감사함을 유지할 때 그것은 머지않아서 실제로 나타난다. 이미 받았다는 기쁨을 느껴 감사하는 마음을 가질 수 있다면, 그렇게 감사하고 있는 것과 의식 속에서 확실하게 하나가 된 것이다.

내 손에 없고 내 눈에 보이지 않는다고 해서 이루어지지 않았다고 생각하는 것은 나의 옛 생각이다. 나는 이미 원하는 것을 받았다. 받은 것에 대한 진정한 기쁨과 행복감이 나의 의식 안에서 솟아오른다. 마음속 깊숙한 곳에서부터 기쁨과 감사함을 느낀다.

나는 수치심과 무기력함, 두려움, 열등감. 절망. 낙담이라는 소극적인 상태의 부정적인 에너지 상태에서 긍정적인 에너지를 체험했다. 나는 겁 많고 부끄러움을 많이 타고 글 더듬이이고 유리멘탈을 가졌다. 그런 내가 사람 앞에서 강연하고 책을 써서 다른 사람들을 도울 수 있다니! 이것이 나에게는 기적이다. 이것이 나의 행복이다. 이것이 나의 보람이다. 기도하고 구하며 받은 줄로 믿고 감사하므로 얻은 선물이다.

삶을 이끄는 것은
나 자신이다

우리 집에는 TV의 기능 중에 '기가지니' 음성지원 서비스가 있다. 한별이가 우리 집에 오면 항상 기가지니를 불러달라고 말한다. 그리고 기가지니에게 "기가지니! 한별이 칭찬해 줘!"라고 말하면 기가지니는 "우리 한별이 무슨 일을 칭찬해줄까?"라고 대답한다. 한별이가 칭찬 내용을 말하면 기가지니는 "우~와! 우리 한별이 대단한걸! 부모님이 좋아하시겠다"라고 대답해준다. 한별이는 기가지니의 대답을 듣고 얼마나 행복해하는지 모른다. 기가지니가 아직 만족하는 단계에까지는 아니지만, 대화를 나눌 수 있는 수준은 된다. 그것을 보면서 생각이 난 것이 만약 내가 생각하는 대로 곧바로 모든 것을 다 이루어지고 창조할 수 있다면 어떨까? 지니의 요술램프를 내가 가지고 있다면 어떨까? 한번 생각해보자! 생각하는 것만으로도 행복하다.

지구에서의 삶은 놀이터다. 모든 일이 놀이 과정으로 하나하나 몰입하고 즐기는 과정이다. 나는 마법사가 될 수 있고 나는 지니의 요술램프를 가진 주인공이 될 수도 있다. 현실에서는 내 마음대로 되는 것이 거의 없다. 인생이란 계획한 대로 이루어지지 않는다. 하지만 삶은 내 마음대로 조정이 가능한 놀이라고 생각할 때 재미있고 즐겁고 신난다. 인생의 놀이터에서 놀이하듯 인생을 산다면 즐겁게 몰입하게 되고 행복을 느낄 것이다. 따라서 우리는 모든 일을 놀이로 승화하는 것만이 창조주의 뜻을 따르는 것이다.

마라톤 풀코스에 도전하는 것이 나의 버킷리스트다. 1년 전에 살을 빼기 위해 달리기를 시작했다. 당시 몸무게가 70kg을 조금 웃돌았다. 혈압도 당시에 '145/90'로 약간 높은 편이었다. 가족력이 있어서 고혈압을 잡는다는 것이 나에게는 쉽지 않았다. 집안에서 할아버지, 할머니, 아버지 모두 뇌출혈로 사망하셨다. 작은아버지께서도 사망 원인이 고혈압으로 인한 뇌출혈이었다. 건강 검진을 하면 고혈압 전 단계로 나왔다. 내 혈압은 고무줄 혈압이다. 특히 병원에만 가면 평소보다 높게 나오고 몇 번을 재고 한참 동안 쉬었다가 재도 높게 나온다.

딱 일 년 전에 직장동료들과 교육을 마치고 회식 자리에서였다. 건강 이야기가 나왔다. 요새 사람들은 건강해지기를 바라면서 운동은 하지도 않고 움직이는 것도 싫어한다고 했다. 그 당시 코로나19 팬데믹을 막 지나가는 상황이었다. 운동을 좋아하는 나도 운동할 기회가 적었다. 동료 중에 마라톤 풀코스를 벌써 수십 번 달린 마라토

너가 있다. 그 동료의 말을 듣고 한 번 마라톤에 도전해보고 싶은 생각이 들었다. 그때 내 건강을 위해서도 도전해보기로 했다. 마라톤은 쉽지 않은 도전이지만 내 인생의 삶의 과정 중에 하나의 놀이로 시작해보자는 마음이었다.

1년이 지난 지금의 몸무게는 58kg이다. 12kg을 감량하고 혈압은 120/80으로 정상이 나왔다. 처음에는 몸무게도 변화가 없었다. 6개월이 지나면서 변화가 일어나기 시작했다. 매일매일 달리면서 많은 것들을 배울 수 있었다. 1년 동안 꾸준히 달리면서 나 자신이 대견하고 뿌듯했다.

걷기만 했던 나에게 달리기는 쉬운 것은 아니었다. 그래서 달릴 수 있다는 것이 얼마나 감사한 일인지 알게 되었다. 아이부터 노인들까지 많은 사람이 걸을 수는 있어도 달릴 수 있는 사람은 많지 않다는 것을 깨달았다. 달릴 수 있다는 자체가 얼마나 감사한 일인지 강하게 체험하게 되었다. 달리는 것을 지속할 수 있었던 가장 큰 이유는 달리는 것에 흥미를 느꼈다는 것이다. 모든 일이 그러하듯이 흥미가 없으면 그것을 오랫동안 여러 가지 운동을 해봐도 몸무게가 만족스럽지 않았는데 마라톤에 도전하면서 12kg이 감량되어 그렇게도 원하는 몸 상태가 모든 면에 정상으로 판명되었다. 감사하다.

흥미가 있어야 뇌는 관심을 가지고 움직이기 시작한다. 흥미를 느끼고 나서 나는 달리기와 운동에 재미를 붙였다. 재미가 있어야 오래 할 수 있고 싫증이 나지 않는다. 운동은 하루하고 끝나는 것이 아니라 매일매일 해야 하는 것이다. 운동뿐 아니라 모든 일에 있어서 재미가 있어야 한다. 흥미, 재미, 의미가 중요하다. '3미'다. 흥미가 있어야 재미있게 지속할 수 있고 재미가 있어야 그 안에서 의미를 발견하고 가치 있는 삶을 살 수 있다.

달리기하면서 가장 힘이 든 것은 힘을 빼는 것이었다. 달리다 보면 어깨와 팔에 잔뜩 힘이 들어간다. 힘을 빼기가 쉽지 않다. 초보자와 고수의 차이는 바로 힘을 뺄 수 있느냐 없느냐의 차이이다. 달리기는 어떻게 보면 힘을 빼는 것이 모든 것이다. 모든 운동이 다 비슷하다. 인생을 사는 것도 이 원칙은 같은 것 같다. 힘을 빼는 것이 전부다. 힘을 주는 것은 애쓰고 힘쓰고 고단하다.

살을 빼고 나서 건강검진을 하게 되었다. 12kg의 살은 뺏지만, 전반적으로 건강은 얼마나 더 좋아졌는지 궁금했다. 그리고 혈압은 건강검진을 하며 측정했을 때도 정상적으로 나올 수 있는지도 궁금해졌다. 건강검진 하는 날이 되었다. 아침 일찍 집에서 출발했다. 그 아침에 벌써 많은 사람이 와 있었다. 검진을 하나하나 할 때마다 긴장되었다. 점점 혈압측정 할 시간이 다가오고 있었다. 내 차례가 되어 혈압을 측정했다.

첫 번째는 혈압이 145/92로 높게 나왔다. 긴장을 많이 해서 그런지 고무줄 혈압이 작동되어 높게 측정되었다. 조금 있다가 다시 측정하라고 간호사가 말해 주었다. 두 번째로 측정해도 138/88이 나왔다. 그 측정된 숫자를 보고 나는 다음에는 분명히 정상으로 나올 것이다.

확신하고 이렇게 기도했다. '감사합니다. 나는 이미 건강해졌습니다. 감사합니다. 감사합니다. 감사합니다. 나의 혈압은 정상입니다. 아주 좋은 나의 모든 몸은 이미 건강해졌습니다. 감사합니다.' 세 번째로 측정했다. '125/85! 와! 드디어 정상 수치가 나왔다. 나는 혈압을 이겼다. 나는 이제 혈압을 극복했다. 나는 나 자신을 이겼다'라고 외쳤다. 남이 보면 웃음이 나왔을 것이다.

삶을 이끄는 것은 나 자신이다. 삶을 이끄는 주인공인 내가 어떤 상태인지를 알아야 한다. 남경홍 작가의 《허공의 놀라운 비밀》에서 부정적인 생각을 꺼버리고 긍정적인 생각의 스위치를 켜라고 말한다.

"인간은 생존을 위해 방어기제를 강화해왔다. 방어라는 것은 소극적이고 부정적이다. 무려 600만 년 이상 부정적인 생각이 DNA를 통해 대대손손 이어져 왔기에 부정적 생각을 끄기가 매우 어렵다. 우리 뇌의 대뇌변연계는 호르몬과 면역체를 조절해 감정과 정서에 관여한다. 그런데 이 대뇌변연계에 소재하는 편도체는 자나 깨나 생존을 위해 사방을 주시해 유쾌, 불쾌, 두려움 등 감정을 분류 조절하는 기능을 한다."

이 편도체가 두려움이나 부정적인 감정으로 가득 차 있게 되면 아무리 뛰어난 두뇌를 가지고 있어도 무능한 사람이 될 수 있다. 어떻게 할지 몰라 허둥대고 긴장하게 된다. 편도체가 반응을 일으킨다. 편도체는 정신연령이 5세 아이와 같다. 그래서 아이와 같이 다루어야 한다. 편도체를 달랠 수 있는 가장 좋은 방법은 바로 웃음과 감사다. 억지로라도 웃음을 선택하고 웃기 시작하면 편도체는 이것을 사실로 받아들이기 시작한다. 긍정적인 생각으로 가장 빨리 전환할 수 있는 것이 바로 웃음이다. 웃음과 마찬가지로 감사를 선택하고 감사하는 마음을 가지는 순간부터 부정적인 감정은 긍정적인 감정으로 바뀌게 된다.

긍정의 스위치는 웃음과 감사다. 이제 웃음과 감사의 스위치를 항상 켜두고 삶을 대해 보자. 모든 것은 놀이하듯 즐거움으로 가득 차게 될 것이다. 신나는 일들이 일어나게 되는 것이다.

웃음 강의를 할 때 자주 하는 질문이 있다. 웃음의 주인이 누구인지 물어본다. 웃음의 주인은 바로 나 자신이다. 웃음을 선택할 수도, 선택하지 않을 수도 있다. 웃음을 선택하는 것은 내 자신이다. 내가 선택해서 내가 곧바로 웃을 수 있고 웃음을 퍼뜨리고 웃음을 창조할 수 있다. 감사도 내가 선택할 수 있다. 감사하는 마음으로 감사를 퍼뜨리고 감사를 창조할 수 있다.

네빌 고다드(Neville Goddard)는 "상상은 현실을 창조한다"라고 말하고 있다. 지금 현실 세계는 내가 상상한 것의 결과다. 상상의 힘을 사용하라고 말하고 있다. 인간의 상상력은 인간 그 자체다. 나와 세상을 변화시키는 힘이 바로 상상력이다. 이 법칙을 체험으로 알게 된다면 우리는 더 이상 흔들리지 않는 진리 위에 서게 될 것이다. 세상을 바라보는 부정적 관점이 바뀌게 될 것이다. 긍정적 관점과 시선으로 이전과는 완전히 다른 웃어서 행복하고 행복해서 웃는, 그래서 감사가 넘치는 삶을 살게 될 것이다.

다른 사람의 경험에서 이 법칙을 증명하는 것은 무의미하다. 내 삶에서 직접 나의 법칙으로 내 삶 속에서 사용해서 내 것이 되어야 한다. 이 법칙은 사색하는 자의 몫이 아니라 실천하는 자의 몫이다. 실천하는 자는 행하는 자다. 온몸으로 체득하고 익힌 자의 것이다. 그럴 때 습관이 된다. 습관이 된 것은 이제 삶에서 저절로, 자동으로, 자연스럽게 나타나게 된다. 생각에 감정과 느낌을 더해서 더 생생하게 체험하고 실천하는 사람은 그의 인생을 바꿔줄 것이다. 위대한 확언과 명확한 확신으로 실천해서 습관이 된 사람에게 삶은 즐겁고, 감사함으로 확증된 선물을 맛보게 될 것이다.

당신은
더 행복해져야 할 사람이다

한별이와 온 가족들이 속초로 바다 여행을 갔다. 한별이는 항상 자기 생일을 챙긴다. 늘 내 생일은 언제 오느냐고 기다린다. 그래서 올 7세가 되는 생일에도 여행을 떠났다. 한별이는 물을 좋아한다. 물놀이를 좋아해서 워터파크에 가면 4~5시간을 그 안에서 논다. 또한, 물에 빠지고 물을 먹어도 물을 무서워하지 않는다. 오히려 그것을 더 즐긴다. 같은 또래 아이들과 비교해도 물을 더 좋아하고 즐기는 편이다.

워터파크에서 노는 것만 좋아하는 것이 아니라 바다와 모래사장에서 노는 것도 좋아한다. 그래서 사람들은 단풍구경을 한다고 설악산으로 가는 데 우리는 반대로 바다로 향했다. 처음에는 신발을 벗고 파도가 칠 때마다 왔다 갔다 물에 발을 담그며 놀았다. 조금 더 시간이 지나면서 발목까지 들어가고 결국엔 온몸을 다 물속에 던지고 놀았다. 10월, 바닷물은 어른이 느끼기에도 너무도 차가운데 한별이는 아랑곳하지 않는다. 물속을 100번도 넘게 들어갔다 나왔다

하면서 즐거워한다.

한별이가 노는 모습을 보면 그렇게 행복할 수가 없다. "한별아, 어때?", "응, 너무 재미있어, 너무 행복해" 하며 웃는 것을 보면 인생은 단순하게도 '하고 싶은 것을 하면서 지내는 것이 행복이구나'라고 느낀다. 나는 한별이를 통해 이 세상에서 가장 행복한 사람의 모습을 보게 된다.

한별이가 놀고 있는 모습을 관찰하면 많은 것을 느끼게 된다. 한 발만 물에 담그면 그 정도의 기쁨이 있다. 하지만 조금 더 깊이 물속에 들어가면 갈수록 전율은 더 깊어지고 만족은 더 커지고 더 재미있어한다. 나중에는 그냥 모래사장에 벌렁 드러누워 파도가 오는 것을 즐긴다. 완전히 파도와 하나가 된다. 온몸이 모래투성이로 모래를 뒤집어쓴다.

그 모습을 바라보기만 해도 대리 만족이 된다. 하지만 구경만 하는 사람과 실제로 몸을 바다에 들어가는 사람은 차이가 있다. 조금 더 가까이 다가가서 발목까지 물을 담으면 그만큼 즐거움에 동참할 수 있다. 조금만 더 안쪽으로 들어갈수록 누리는 정도가 다르다. 바지 아랫단까지 물을 적시면 그만큼 누림이 있다. 결국에는 온몸을 바닷물에 던지며 놀면 더 희열을 느끼고 즐길 수 있다. 조심조심 옷을 버리지 않고 노는 것이 아니라 그 물속에 몸을 푹 담고 몰입할수록 더 깊은 누림과 즐거움이 있다.

인생도 똑같다고 생각한다. 어설프게 발만 담그면서 사는 삶과 온몸을 다 던지고 사는 삶은 다르다. 그 마음가짐이 다르고 누림이 다르다. 인생의 주인공으로 주연 배우로서 나에게 주어진 배역에 몰입해 그 배역과 하나가 되어 보자! 옷이 젖는 것을 두려워하지 말자. 모래가 신발에 들어갈 것을 염려하지 않고 그냥 단순히 온몸을 바다에 맡기고 마음껏 아이처럼 즐겨보자! 당신이 더 행복해지고 싶은가? '지금, 이 순간' 당신에게 주어진 삶을 놀이로 대하라! 삶은 놀이의 한 과정이다. 현재를 기쁘게 즐기고 신나게 놀아보자! 놀이를 기쁘게 즐긴다는 것이야말로 행복 그 자체다. 우리가 모든 것을 놀이로 보는 순간부터 삶은 즐기는 곳이 될 것이고 누림이 가득한 곳이 될 것이다.

당신은 더 행복해질 자격이 있다. 당신은 매 순간 행복한 삶을 살 권리가 있다. 행복은 목적이 아니라 과정이다. 앞으로 행복을 누리는 것은 간단하다. 당신은 사랑받기 위해 이 땅에 태어났다는 것이고 당신은 행복을 만끽하기 위해 이 땅에서 숨을 쉬고 살아가는 것이다. 당신은 '지금, 이 순간' 행복을 누리기 위해 여기 지구에 왔다.

'지금 이 순간'의 행복을 누리고 싶은가? 그러면 지금 당장 당신의 입꼬리를 올려라! 입꼬리를 올리는 것과 행복이 어떤 상관이 있는 것일까? 의문을 가질 수도 있다. 그러면 지금 당장 입꼬리가 올라가는지 시도해보라! 내 입꼬리인데도 내 마음대로 잘되지 않을 것이다. 입꼬리를 올릴 수 있다면 이 세상의 모든 힘든 일도 다 들어 올릴 수 있다. 아주 작은 움직임이지만 그 힘과 범위는 상상을 초월한다. 웃음의 힘과 에너지는 핵폭탄보다 더 강력하다. 평소에 자주 웃는 습관이 있다면 입 주위의 근육이 발달되어 있을 것이다. 얼굴에 있는 80여 개 근육 중에 40여 개가 움직여야 웃을 수 있다고 한다. 웃음의 힘과 내공은 위대하다. 나는 입꼬리를 열심히 올리고 있지만 다른 사람이 볼 때는 웃는 것이 아니라 썩소를 짓고 있을지 모른다. 입꼬리를 올리며 거울을 보라! 거울을 보면서 입꼬리가 잘 올라가는지 웃는 표정이 자연스러운지 한 번이라도 나의 웃는 얼굴을 체크해보라!

잘 되든 잘 안 되든 모든 순간을 기회로 삼아 먼저 입꼬리를 올리고 생각하고, 말하고 행동해보라! 부정적인 생각과 말보다 당신은 긍정적인 생각과 말을 하게 될 것이다. 당신의 삶에서 행복이 더 가까이 자신 안에 있다는 것을 체험하게 될 것이다. 행복한 느낌은 당신의 삶에서 웃을 일이 더 많아지게 할 것이고 감사할 것들을 더 많이 알아차리고 찾아낼 것이다.

KBS 2TV에서 20부작으로, 2002년 10월부터 방영된 〈고독〉이라는 드라마가 있었다. 그 드라마를 기억하는 사람은 많지 않을 것이다. 15세 된 딸을 키우는 40세의 미혼모로 나오는 이미숙 배우와 25세의 청년으로 나온 류승범 배우의 사랑 이야기를 다룬 드라마다. 지금은 연상연하의 부부가 많아졌지만 20년 전에는 파격적인 설정이었다. 나이 차가 15년 연상인데다가 미혼모 직장상사를 사랑하는 상황이었다. 나는 이 드라마를 몰입해서 봤다. 마음으로 응원하면서 이 드라마를 보게 되었다. 나와 상황이 비슷했기 때문이다. 아내와 나도 15살 차이가 나는 연상연하 부부다.

나는 아내를 교회에서 지역 인도자와 어린 전도사로 만났다. 아내는 교회 안에 있는 차세대 젊은 대학생들의 종교관에 관심이 많았다. 하나님을 믿는 자로서 젊은 지식인들이 젊을 때 보이지 않는 믿음에 참되게 미친 사람이 되지 못한다면 세상에 물들어가며 타락해가는 교회를 전환시킬 수 없다며 목소리를 높였다. 나는 한창 신앙에 불이 붙어 매사에 열정적이었던 신학대학교 학생이었다. 아내의 가르침은 너무도 신선했고 나에게는 충격적이었다.

스승과 제자의 만남, 학부모와 교사의 만남이었다. 나는 신학대학 4학년 때 아내를 처음 만났다. 부족한 것이 너무도 많았지만, 열정과 열심히 있는 나를 이끌어주고 바로 잡아준 영적인 스승인 동시에 나의 하나님 사람이 되었다.

그 후에 많은 과정과 우여곡절 끝에 10년이 지나서 2002년 2월 나 때문에 많은 오해를 받으면서 끝까지 나를 감싸고 지지하다가 결국 아내는 이혼은 받아들였다. 아내에게는 두 자녀가 있었다. 당시에 나는 33세였고, 아내는 48세였다. 교회와 집에서는 빨리 결혼시켜 안정을 찾도록 해야 한다며 괜찮은 자매들을 소개하면서 연결해주려고 노력했다. 나는 오래전부터 결혼에 대해 기도해오고 있었다. 같은 믿음과 같은 이상이 있는 자매를 만나게 해달라고 기도했다. 다만 나보다 더 믿음이 좋고 나를 지혜롭게 이끌어줄 수 있는 자매라면 나이의 많고 적음에 이의가 없고 심지어 아이가 있어도 상관없다고 기도하고 있었다. 내가 본 이상과 비전이 같으면 어떤 조건의 결혼도 문제가 되지 않았다. 일반적인 결혼의 조건은 세상이 만들어 놓은 굴레밖에 되지 않는다고 생각했다. 이 모든 과정은 나에게 이루어진 기도의 응답이라는 믿음이 생겼다.

주변 사람들의 반대를 무릅쓰고 나는 일생의 반려자로 아내를 선택하기로 마음을 먹었다. 진심으로 아내를 설득하기 시작했다. 함께 삼각산에 올라가 금식하면서 기도하며 매달렸다. 결국, 우리는 함께 믿음의 동반자가 되어 서로에게 자랑스러운 동역자가 되기로 했다.

현실은 모든 것이 생각한 것보다 더욱더 순탄하지 않았다. 아들만 삼 형제인 장남이었던 나에게 마음을 바꾸지 않으면 집으로 들어올 생각조차 하지 말라는 어머님의 불호령이 떨어졌다. 집안의 반대는 상상을 초월했다. 하루는 어머니와 고모와 작은어머니께서 우리가 있는 곳에 쳐들어오셔서 아내에게 헤어지라고 협박하기도 했다. 교회에서도 나에 대한 모든 직분을 박탈했다. 마음을 바꾸지 않으면 교회에서 출회시킨다고 했다.

문득 뒤돌아보니 아내와 내가 맨손으로 허허벌판에 단둘이 서 있었다. 그런데 조금도 두렵지 않았다. 한 번뿐인 이 세상의 삶을 하나님 앞에서 스스로 선택했기 때문이다.

우리는 처음에 가졌던 주님에 대한 사랑과 믿음으로 모든 시련을 견디었다. 교회의 젊은 대학생들이 명명해준 '활력그룹'으로 모이며 찬양과 성경 연구와 기도를 그치지 않았다. 생활은 고통스러운 듯한데 안에서는 끊임없는 기쁨과 찬양이 샘솟듯 했다. 어떻게 시간이 흘러갔는지 모르겠다. 고통 가운데서 감사가 넘쳤던 하루하루였다.

아내는 모든 것을 다 잃게 될지도 모르는 상황을 인지했으면서도 나를 선택했다. 아니 나의 순수한 믿음을 선택했다고 한다. 나 같은 사람을 선택해서 모든 것을 포기해야만 했다. 안락했던 가정과 아이들 그리고 사회적 명성과 지위, 친구와 친척까지 나를 선택한 대가 지불이 너무도 컸다. 이런 선택을 해준 아내에게 너무도 감사하고 또 미안하다.

왜 그런 힘든 삶을 선택했을까? 쉬운 삶을 살 수도 있었는데 말이다. 이것은 나의 길을 가는 것만이 아니라 하나님의 거스를 수 없는 이미 계획하신 길이라는 생각이 들었다. 지금 돌아보면 엄청난 일들을 헤치고 여기까지 왔다. 그러나 순간순간 함께 기도하며 부르짖으며 선포하며 한발 한발 하나님의 인도하심을 믿으면서 선택해 왔기 때문에 힘이든지 몰랐다. 항상 그때그때 누림으로 기쁨이 충만했기 때문이다.

지금도 이 길을 가는 것을 후회하지 않는다. 힘든 삶과 어려운 시련을 통해 성숙하고 성장했기에 다만 감사할 뿐이다. 만물은 성장한다. 만물이 성장하는데 반드시 시련이 동반된다. 성장의 법칙은 긴 기다림의 시간이 필요하다. 농부는 씨를 뿌리며 수확을 기다린다. 기다리는 시간, 기다리는 인내를 묵묵히 견딜 수 있는 것은 긴 시간이 지나면 수확할 수 있다는 믿음의 확신이 있기 때문이다. 폭풍우와 추위와 시련을 만나지만 쓰러지지 않고 버텨낼 때 비로소 나는 이 땅에서 해야 할 일과, 위임을 받고 이 땅에 온 목적을 하나님께서 나를 통해서 반드시 계획하셨던 일들을 이루실 것이다. 나는 나를 이 땅에 보내신 하나님의 계획을 이루시게 하려고 하루하루 나 자신을 비워간다.

벌써 21년이 지나서 3명의 손녀딸이 생겼다. 17살, 15살, 7살 손녀딸들이 사랑과 고난의 열매이고 결실이다. 정말 감사하다. 수많은 일과 사건들이 주마등처럼 스쳐 지나간다.

최근에 유튜브 채널 〈인생라떼, 권마담의 라이브〉에서 들었던 말이 강렬하게 마음에 와닿았다. 성실함과 열심히 사는 것은 다만 기본이다. 열심히만 살지 말고 특별한 삶을 살아야 한다. 진정한 행복을 얻기 위해서는 3단계가 필요하다.

1단계 : 처음에는 배우는 것이다.
2단계 : 배운 것은 행동해야 한다.

3단계 : 행동하는 것은 이제는 나누어야 한다.

3단계에 도달할 때 진정한 행복이 있다. 배우는 것은 진정한 행복의 시작이다. 배우는 것에 멈추지 말고 계속해서 행동해야 한다. 배우는 목적은 행동하기 위해 있다. 행동하는 것은 나눔이다. 베푸는 것이다. 나눔을 통해 소명 의식과 사명감을 느끼게 된다. 나누는 것은 받는 것보다 사람을 행복하고 기쁘게 한다. 주는 자가 받는 자보다 복되다. 주는 사람은 보람을 느끼게 된다. 나누는 것은 물질로 나눌 수 있다. 마음이 있은 곳에 물질이 있다는 말이 있다. 진정으로 감사함을 표현하고 싶으면 말로도 할 수 있지만, 행동으로 움직여 나의 물질이 함께 사용될 때 진정으로 마음을 전달하는 것이다.

행복은 혼자만이 행복해서 행복한 것이 아니라 함께 하는 사람이 행복해야 한다. '나'와 '너'가 행복해야 한다. 왜냐하면, 우주의 원리도 '함께'이기 때문이다. 우주의 본질은 순환하는 관계다. 끊임없이 변화하고 순환하는 과정이다. 베푸는 것은 순환이다. 나누는 것이 바로 순환이다. 배려와 베풂의 삶이 행복한 삶이다. 나눔의 삶이 행복한 삶이다.

당신은 더 행복해져야 할 사람이다. 당신은 진정한 행복을 맛봐야 한다. 진정한 행복은 나눌수록 더 커진다.

웃음은 기쁨이다. '기'가 밖으로 뿜어져 나오는 것이다. 기는 에너지다. 이 에너지는 좋은 것을 끌어당긴다. 행복을 끌어당긴다. 데이비드 호킨스(David Roman Hawkins)의 《의식 혁명》과 윤태익 교수의 《유답 5》에서 의식 수준의 17단계 중 540룩스의 에너지를 가진 '감사'의 감정과 '기쁨'의 의식 수준과 '축복'의 행동이 있다. 이 세 가지는 하나다. '축복'은 다른 말로 표현하면 행복이다. 축복의 또 다른 표현은 '기도'라고 나는 새롭게 정의해본다. 기도는 간청이나 간구만이 아니라 감사다. 이미 나에게 주신 것을 믿고 감사하고 축복으로 누리는 것이다. 성경 〈데살로니가전서〉 5장 16~18절에도 "항상 기뻐하라, 쉬지 말고 기도하라, 범사에 감사하라 이는 너희를 향하신 하나님의 뜻이니라"라는 말씀이 있다.

여기에서도 기쁨, 기도, 감사가 함께 나온다. 기도는 하나의 복이고 축복이고 행복이다. 의식 수준에서 540룩스의 에너지장에서 감사, 기쁨, 축복이 성경의 감사, 기쁨, 기도와 일치한다. 감사와 기쁨, 기도와 축복은 다 같은 에너지장의 빛을 내는 것들이다. 서로 한 팀이다. 기쁨도 다른 말로 표현하면 웃음이다. 감사와 기쁨과 행복은 서로 같은 진동과 파장과 에너지를 가지고 있다. 당신이 행복하다는 증거는 당신에게 감사하는 마음이 있는지를 보면 된다. 당신에게 기쁨이 있는지, 당신에게 웃음이 있는지, 당신 얼굴의 입꼬리가 올라가 있는지를 보면 된다.

지금 당신이 모든 사람과 일들에서 마음속 깊이 감사하는 마음을 느끼고 감사할 수만 있다면 더 많은 감사 대상을 알아차리고 찾아낼 것이다.

이것이 반복되고 계속 이루어지면 뇌에 새로운 회로, 새로운 길이 열려서 옛 습관, 고정관념, 한계, 부정적인 것들을 다 깨뜨리고 새로운 습관이 형성될 것이다. 당신의 잠재의식을 바꿔놓아 자동시스템으로 변화될 것이다. 저절로 감사하는 습관이 행동으로 몸으로 실천하게 해줄 것이다. 그러면 자연스럽게 당신의 생각이 바뀌고 말이 바뀌고 의식이 바뀌어서 당신의 삶을 바꿔놓을 것이다.

힘을 쓰고 애를 써서는 바꿀 수 없다. 이제부터는 힘을 빼고 편안하게 누리기만 하면 된다. 즐기기만 하면 된다. 우주의 긍정적인 에너지를 끌어당기기만 하면 된다. 이제 당신은 우주의 강력한 자석이 되었다. 감사하는 습관이 당신의 삶을 바꾸고 당신의 인생을 바꿀 것이다. 당신의 가족을 바꾸고 당신의 주변을 바꾸고 당신의 우주를 바꿀 것이다.

당신은 우주의 주인공이 될 것이고 당신은 아름다운 우주가 될 것이다.

　소문만복래(笑門萬福來)는 웃으면 만 가지 복이 들어온다는 것이다. 웃음에는 문이 있다. 웃음의 문은 여닫을 수 있다. 문을 여는 것도 내가 여는 것이고 문을 닫는 것도 내가 닫는 것이다. 웃을 일이 생겨야 웃는 것이 아니라 웃어야 웃을 일이 생긴다는 것과 마찬가지로 감사해야 감사할 일이 생긴다.

　'웃으면'은 실제로 웃음을 얼굴로 온몸으로 웃으면 된다. 그러면 '감사하면'은 어떻게 하는 것을 말하는 것인가? '감사하면'은 생각으로 할 수도 있고 말로 인사의 언어로 사용할 수 있다. 마음을 담아 표현할 수도 있다. '감사하면'을 행함으로, 실행하는 좋은 방법이 바로 감사일기를 쓰는 것이다. 감사메모로, 감사편지로, 감사문자메시지로, 감사저널로, 감사의 기록을 적는 것이다. '감사하면'은 한 면에서 몸으로 행할 수 있고 마음으로 말로도 표현할 수 있을 뿐 아니라 물질로도 표현할 수 있다. 진짜로 감사하다고 느꼈다면 그분에게 감사에 대한 빚을 진 것 같고 생명의 은인이라고 느낀다면 감사하는 사람의 감사하는 표현은 결국 물질이 될 것이다.

　물질을 통해서 은혜를 갚을 수 있다. 그것은 마음을 표현하는 것이다. 감사를 마음으로 표현한다는 것은 바로 나의 물질을 흘려 내보내는 것이다. 그럴 때 더욱 기쁨을 체험하게 된다. 아무리 마음을 다해서 감사를 표현한다고 하지만 말 뿐일 수 있다. 보이지 않는 마음의 가장 직접적인 표현이 바로 물질이다. 커피 한 잔도 바로 물질이 들어 간 결과다. 이것이 '바로미터'다. 물질을 통해 표현할 때 나도 기쁘고 안에서부터 '주는 기쁨', '나누는 희열', '베푸는 환희'를 느낄 수 있다. 나눌 때 당신의 속은 더 채워질 것이다. 보이지 않는 것으로만 채워지는 것이 아니라, 보이는 물질로도 채워짐을 경험하게 될 것이다.

웃음과 감사는 하나다. 웃음에 문이 있듯이 감사에도 문이 있다. 감사가 들어오고 나가는 것은 나의 선택에 달려 있다. 웃음을 선택하는 순간 웃음의 주인이 된다. 감사를 선택하는 순간 감사의 주인이 된다.

나는 인생의 주인공이다. 조연이나 엑스트라로 사는 것이 아니라 나는 이 삶의 주인공으로 나의 삶을 만들어가는 것이다. 내가 원하는 대로 내가 상상한 대로 이 삶을 이끌어가는 것이다.

당신은 이 지구별에서 영화감독이다. 당신은 영화감독이자 영화의 주인공이다. 당신이 시나리오를 직접 쓰고 당신은 영화의 주인공을 맡고 있다. 영화는 당신이 원하는 대로 상상하는 대로 만들 수 있다. 당신의 마음껏 자신을 표현해볼 수 있다.

상상력에 믿음의 법칙을 더하면 더 구체적으로 이루어진다. 내가 쓴 책이 완성되어 서점 진열대에 전시되어 있다고 상상하고 그 책으로 강연하고 그 책으로 코칭하는 상상을 하면서 감정을 더하고 믿음을 더해 지속해서 상상하면 원하는 것을 이룰 수 있다.

시련과 역경이 없는 주인공의 삶은 재미가 없다. 힘들고 어려운 상황에서 포기할 수밖에 없고 좌절할 수밖에 없는 처지에서도 예기치 못한 일들이 발생하고 아무도 생각하지 못한 반전으로 역경을 이겨내고 시련을 극복하면서 배우고 성장하는 굴곡이 있고 희로애락이 담겨 있는 극적인 영화는 재미가 있다. 재미있는 영화는 시간 가는 줄 모른다. 당신은 이러한 영화의 주인공이다.

우리는 결말을 알고 있는 영화를 보는 것이다. 당신은 이미 결론을 알고 있고 이 영화가 어떻게 끝날 것을 알고 있다.

정말 짜릿하다. 이 세상은 '영화세트장'이다. 당신의 무한한 상상력을 발휘해서 직접 쓴 시나리오의 주인공이 바로 당신이다. 당신이 상상한 대로, 당신이 원하는 대로, 당신이 선택한 대로, 당신이 이루고 싶은 것을 실제로 이루는 삶의 체험 현장이다.

인생은 한바탕 놀이다. 행복이란 놀이를 즐기는 과정에서 발생한다. 즉 우리가 즐기면 뇌에서는 엔도르핀을 비롯한 수십 개의 호르몬을 분비해 주고 행복감에 젖게 된다. 행복하면 지금 이 순간에 감사하게 되고, 감사하면 또 행복해지는 과정의 반복이다.

행복은 성공의 결과물이 아니라 인생을 살아가는 과정이 행복하면 성공이 보상으로 따라오는 것이다.

성공을 목표로 삼으면 그 목표로 인해 얽매이게 되고 모든 것이 불평, 불만이 가득할 것이고 감사할 줄 모르게 된다. 만족할 줄 모르는 사람은 감사할 줄도 모른다. 감사할 줄 모르는 인생은 너무 불쌍하다. 불평만 하다가 불쌍한 인생을 살 것인가? 모든 일에 감사하고 행복한 삶을 살 것인가?

행운은 준비된 자에게 찾아오는 선물이다. 주도적으로 행운을 창조할 수 있다. 당신은 운이 좋은 사람인가? 당신은 행운아인가? 행운은 더 준비된 자에게만 찾아오는 선물이다.

'돈을 벌려거든 먼저 행복한 사람이 되어라!' 그러면 이제 돈이 찾아올 수 있는 준비 상태가 된다. 그다음은 믿고 기다리기만 하면 된다. 이제 내가 할 일은 감사하는 마음으로 감사하기만 하면 되는 것이다.

행운을 끌어들이는 사람들은 행운을 만들고 창조해낸다. 원래부터 타고난 것이 아니다.

당신도 진정한 행운아다. 세 가지 요소만 바꾸면 당신은 진정 운이 좋은 행운아가 될 것이다. 우리가 생명을 얻어 이 세상에 태어난 것이야말로 우주에서 가능성이 거의 0인 사건이며, 이러한 기적이 실행된 실체인 우리는 모두 엄청난 행운아고, 피조물이고 창조자 자신이다.

첫째, **내가** 진정으로 **하고 싶은 일을, 좋아하는 일을, 잘하는 일을** 찾아서 그 일을 하라.

둘째, **남에게 도움이 되는, 기쁨을 안겨줄 수 있는 일을** 하라.

셋째, **많은 사람이 즐거워하는 일, 보람이 있는 일을** 하라.

이 세 가지 요소를 찾아내고 그 일을 즐기며 이 땅에 사는 자의 특권을 누려보자. 이런 일을 할 수 있는 것은 특권이고 누림이다. 다만 놀이와 같이 즐기고 소풍 나온 자의 기쁨을 만끽해보자. 실천하고 실행하는 특권을 사용해보자. 그 모든 과정은 감사하는 사람으로 감사하는 삶을 살게 될 것이다.

김봉선

김봉선의 50가지 감사(2015년 10월 24일)

50가지 감사 : 신체적, 정신적, 감성적, 인격적, 심리적, 영적, 사회적, 인간적,

가족적

1. 훌륭하신 할아버지, 할머니를 통해 자라게 해주신 것에 대해 감사합니다.

2. 나를 낳아주시고 길러주신 부모님께 감사합니다.

3. 사랑스러운 두 동생을 주셔서 감사합니다.

4. 지금까지 행복하게 살게 해주셔서 감사합니다.

5. 영적인 반려자요, 멘토요, 사랑스러운 아내를 주셔서 감사합니다.

6. 앞으로 함께 나아갈 동역자인 두 자녀를 주셔서 감사합니다.

7. 주위에 좋은 동반자들을 주셔서 감사합니다.

8. 큰 사고 없이 몸을 건강하게 유지하게 해주셔서 감사합니다.

9. 사람을 기쁘게 해주는 멋진 웃음소리를 주셔서 감사합니다.

10. 멋진 목소리로 사람의 마음을 만지게 해주셔서 감사합니다.

11. 글을 잘 써서 좋은 글로 사람의 마음을 감동하게 해주셔서 감사합니다.

12. 좋은 우뇌를 주셔서 감사합니다.

13. 창조적인 생각을 주셔서 감사합니다.

14. 좋은 상상력을 주셔서 감사합니다.

15. 생각하는 힘을 주셔서 감사합니다.

16. 긍정적인 생각을 주셔서 감사합니다.

17. 좋은 암기력을 주셔서 감사합니다.

18. 사람을 끌어당기는 매력을 주셔서 감사합니다.

19. 따뜻한 마음으로 세상과 사람들을 사랑하게 해주셔서 감사합니다.

20. 어떤 일에도 지치지 않은 열정을 주셔서 감사합니다.

21. 큰 꿈을 꿀 수 있게 해주셔서 감사합니다.

22. 바른 생각으로 많은 사람을 품을 수 있게 해주셔서 감사합니다.

23. 어려서부터 하나님을 알고 체험하게 해주셔서 감사합니다.

24. 좋은 첫인상을 가지게 해주셔서 감사합니다.

25. 풍부한 감성으로 사람을 위로하게 해주셔서 감사합니다.

26. 좋은 이름을 주셔서 감사합니다.

27. 좋은 직장을 주셔서 감사합니다.

28. 다른 사람들에게 꿈과 희망을 줄 수 있는 웃음 강의를 하게 해주셔서 감사합니다.

29. 좋은 잠재력을 가지게 해주셔서 감사합니다.

30. 좋은 사람을 알아볼 수 있는 통찰력을 주셔서 감사합니다.

31. 사람들을 이끌 수 있는 리더십을 가지게 해주셔서 감사합니다.

32. 이 시대를 전환할 능력을 주셔서 감사합니다.

33. 하나님의 마음을 만족해할 수 있게 해주셔서 감사합니다.

34. 사람의 말을 잘 들어주는 은사를 주셔서 감사합니다.

35. 사람들의 눈높이에서 볼 수 있는 겸손한 마음을 주셔서 감사합니다.

36. 유능한 상담코칭가로 세상에 선한 영향력을 끼치게 해주셔서 감사합니다.

37. 헌신적인 사랑과 섬김으로 인류에 이바지할 수 있게 해주셔서 감사합니다.

38. 물질적인 축복을 허락해주셔서 사람들을 섬기는 데 어려움이 없게 해주셔서 감사합니다.

39. 끊임없는 도전정신으로 포기하지 않는 마음을 주셔서 감사합니다.

40. 겸손한 마음으로 사람들을 섬길 수 있게 해주셔서 감사합니다.

41. 좋은 집안에서 태어나지 않은 것에 대해 감사합니다.

42. 물질이 충족하지 않은 가정에서 태어나게 해주셔서 감사합니다.

43. 명석한 좌뇌의 유전자를 가지지 못한 것에 대해 감사합니다.

44. 음악적인 감각을 가지지 못했지만, 음악을 듣는 것을 사랑하게 해주셔서 감사합니다.

45. 미술적인 감각을 가지지 못했지만, 미술을 사랑하게 해주셔서 감사합니다.

46. 큰 키를 가지고 있지 않지만 작은 키로도 행복한 마음을 주셔서 감사합니다.

47. 수학적인, 물리적인 사고는 부족하지만, 사물을 이해하는 능력을 주셔서 감사합니다.

48. 책을 읽는 시기가 늦었지만 독서하는 능력을 주셔서 감사합니다.

49. 영어, 국어 점수는 별로 좋지 못했지만, 언어능력을 주셔서 감사합니다.

50. 아무것도 없는, 아무것도 가지지 않은 것에 대해 기쁨을 맛보게 해주셔서 감사합니다.

추천도서 목록

고이케 히로시	《2억 빚을 진 내게 우주님이 가르쳐 준 운이 풀리는 말버릇》
그렉 브레이든	《절대 기도의 비밀》
김경비	《그저 감사했을 뿐인데》
김유니	《나의 하루는 새벽 4시 30분에 감사로 시작된다》
김주환	《회복탄력성》, 《내면소통》
김태광(김도사)	《마흔, 당신의 책을 써라》, 《독설》
	《150억 부자의 부의 추월차선》, 《인생을 바꾸는 자기혁명》
	《부와 행운을 끌어당기는 우주의 법칙》
남경흥	《허공의 놀라운 비밀》
네빌 고다드	《네빌 고다드의 라디오 강의》
닐 도널드 월쉬	《신과 나눈 이야기》
데보라 노빌	《0.3초의 기적 감사의 힘》
론다 번	《시크릿》, 《파워》, 《매직》
마시 시모프	《이유 없이 행복하라》
미하이 칙센트미하이	《몰입의 즐거움》
박경철	《시골의사 박경철의 자기혁명》
박상미	《우울한 마음도 습관입니다》
박용철	《감정은 습관이다》
브렌든 버처드	《백만장자 메신저》
샤넬 서	《감사의 힘》

양경윤	《한 줄의 기적, 감사일기》
엄남미	《기적을 만드는 감사메모》,《기적의 1초 습관》
에스터 & 제리 힉스	《유인력 끌어당김의 법칙》
유영만	《체인지》,《브리꼴레르》
윤성희	《기적의 손편지》
윤태영	《유답 5》
이상헌	《하루 5분 인생수업》,《흥하는 말씨 망하는 말투》
정상교	《감사, 감사의 습관이 기적을 만든다》
제레미 에덤 스미스	《감사의 재발견》
최성호	《감사의 빚쟁이》
폴 매코믹	《생각을 바꾸면 인생이 바뀐다》
할 엘로드	《미라클 모닝》
황농문	《몰입》
황성주	《내 삶을 변화시키는 감사의 기적》
후루카와 다케시	《인생을 지배하는 습관의 힘》

감사하는 습관이
삶을 바꾼다

제1판 1쇄 2024 년 1월 25일

지은이 김봉선
펴낸이 한성주
펴낸곳 ㈜두드림미디어
책임편집 이향선
디자인 김진나(nah1052@naver.com)

㈜두드림미디어
등 록 2015년 3월 25일(제2022-000009호)
주 소 서울시 강서구 공항대로 219, 620호, 621호
전 화 02)333-3577
팩 스 02)6455-3477
이메일 dodreamedia@naver.com(원고 투고 및 출판 관련 문의)
카 페 https://cafe.naver.com/dodreamedia

ISBN 979-11-93210-43-7 (03190)